就活・就労のための

手話でわかるビジネスマナー

－聴覚障害者と聴者のコミュニケーション－

著：竹村　茂　　絵：たかね　きゃら

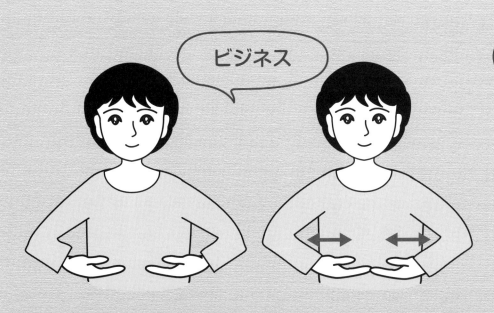

就活・就労のための
手話でわかるビジネスマナー
－聴覚障害者と聴者のコミュニケーション－

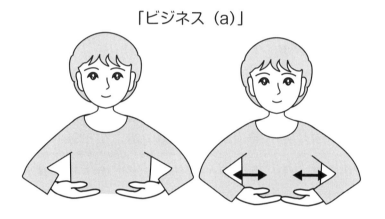

「ビジネス (a)」

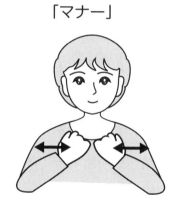

「マナー」

「ビジネス (a)」は、「仕事」「働く」の手話で表す。両手で書類をそろえているようす。ビジネスは「商業」「商売」の手話で表したり（「ビジネス (b)」）、新しい手話も作られている（「ビジネス (c)」）。この本では、ビジネスを「仕事」の意味で使っているので、「仕事」の手話（「ビジネス (a)」）で表す。「マナー」は「道徳」の手話で表す。両手の握り拳を、小指側で付けたり離したりする。

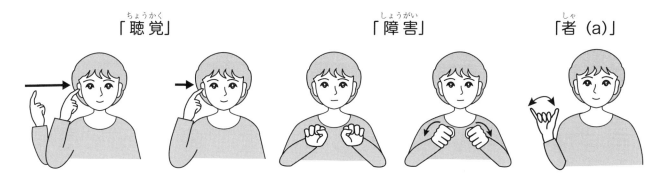

「聴覚」は、耳に音が入って来るようすを示し、「感覚」の意味でこめかみを指さす。「障害」は、「棒」を折るようすで表す。「者（a）」は、親指と小指を立てた手を軽く振る。

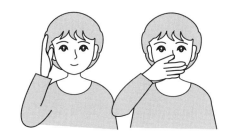

手のひらで耳と口をふさぐ。「聾」を表すときは耳だけをふさぐ。

「健聴」「普通に聞こえる」を表す手話。立てた人差指を耳の横で左右に、口の前で前後に振る。「健聴者」という言い方は「聞こえることが健康だ、つまり聞こえないことは障害だ」ということになるので、「聴者」という言い方を使うことが多い。「聴者」は、この手話に「者（a）」を付ける。

【凡例】手話のイラストに「　」で示したのは、そのイラストにつけられている日本語名です。「　」の中の日本語とその手話の意味には、ずれがあることもあります。同じ日本語名の手話が複数あるときは、（a）（b）（c）で区別しました。

はじめに

Blindness cuts you off from things; deafness cuts you off from people.

「目が見えないと物がわからない。耳が聞こえないと人がわからない」

ドイツの哲学者カントの言葉ですが、ヘレン・ケラーが英語に訳したものが、彼女の言葉として広まって有名になりました。聴覚障害は、コミュニケーションの障害であることを、よく表しています。

障害者がオフィスで働くことが普通になってきています。障害者雇用の初期には、肢体不自由や聴覚障害の人たちが比較的多く採用されましたが、最近では、企業の社会的責任（CSR）や法令遵守（コンプライアンス）、ノーマライゼーションの理念の普及で、知的障害や自閉症の人たちの雇用も増えています。

聴覚障害者が会社に入って、聴覚障害者以外の人と一緒に働くときに大きな問題になるのは、コミュニケーションです。聴覚障害者と聴者のコミュニケーションがうまくいかない例として、手話と「ろう文化」の問題がよく取り上げられますが、実際には、ビジネスマナーの理解不足がトラブルの原因となる例も多いです。

本書では、手話を学びながら、聴覚障害者が会社で働くときに必要なビジネスマナーと、聴覚障害者と一緒に働く人に必要な配慮を理解できるようにしました。

日本語の話し言葉では「コーヒーを飲みませんか」と否定の形で問いかけますが、日本の手話では「コーヒーを飲みますか」というストレートな表現が普通です。このような違いを理解しないで、話し言葉の単語を手話の単語に置き換えるだけでは、うまく通じないこともあります。

聴覚障害者の特性として、よくわかってない場合でも「わかりました」と言ってしまうことがあげられます。例えば「ノルマ」と言っているのが相手の口の動きを見て理解できたときに、「ノルマ」の意味が理解できていなくても、「ノルマ」と言っているのが読み取れると聴覚障害者は「わかりました」と言ってしまうことが多いのです。

日本経済新聞の「アジア便り　目上に『イエス』文化に理解を」（2015年7月15日朝刊）によると「インド人は幼少から必ず親に『イエス』と従うようしつけられ」ているそうです。インドで働く日本人は「インド人は仕事を安請け合いする割にやらないと腹を立てがち」ですが、インド人は「価値観や家庭教育の結果、実現性を考えずに、目上にはすぐにイエスと言ってしまう」そうです。外国で働く日本人には異文化理解が大切です。同じように、聴覚障害者と一緒に働く人には、聴覚障害者の文化と特性の理解が必要です。

ポイント

「ビジネス」を「営利活動」と捉えた場合は「商業」「商売」の手話を使います。

「ビジネス (b)」（「商業」「商売」）

両手を「お金」の形にして、交互に前後させる。
「商業」「商売」の意味の手話。

アルファベットの指文字「B」を使って「ビジネス」の新しい手話が作られています。これから普及していくことでしょう。

「ビジネス (c)」

指文字「B」の両手を手のひらを上にして指先を向かい合わせ、交互に前後させる。

手話でわかるビジネスマナー

はじめに ——————————————————— 4

第1章 就職活動 ——————————————— 11

第1節 会社を探す ————————————— 12
① 働くことの意味 ————————————— 13
② 特別支援学校の生徒 ———————————— 17
③ 大学生や社会人 ————————————— 19
④ インターネットでの情報発信 ————————— 20

第2節 会社訪問 ——————————————— 22
① リクルートスーツ ————————————— 22
② カバンやバッグ ————————————— 24
③ 会社説明会 ——————————————— 25

第3節 面接 ———————————————— 26
① 履歴書を準備する ————————————— 28
② 面接を受ける —————————————— 30
③ わからないときは ————————————— 33
④ 会社が求めているのは ——————————— 35
⑤ 質問をする ——————————————— 38
⑥ 就職試験の結果 ————————————— 39

第4節　内定 ……………………………………………………………… 40
 ① 入社の手続き ……………………………………………………… 43
 ② 内定式 ……………………………………………………………… 46
 ③ 健康診断 …………………………………………………………… 47
 ④ 入社前の研修 ……………………………………………………… 48

第5節　合理的配慮 ……………………………………………………… 50

第2章　働く生活 ─────────────── 53

第1節　学生と社会人の違い …………………………………………… 54

第2節　聴覚障害者が働くときに ……………………………………… 56
 ① 聴覚障害は目に見えない障害 …………………………………… 56
 ② 職場でのコミュニケーション …………………………………… 57
 ③ 筆談 ………………………………………………………………… 60

第3節　服装と身だしなみ ……………………………………………… 61
 ① 身だしなみ ………………………………………………………… 62
 ② 通勤のときの服装 ………………………………………………… 62
 ③ 会社の中での服装 ………………………………………………… 63

第4節　勤務 ……………………………………………………………… 64
 ① 就業規則 …………………………………………………………… 64
 ② 出勤 ………………………………………………………………… 65
 ③ 出勤途中の緊急連絡 ……………………………………………… 66
 ④ 朝礼 ………………………………………………………………… 67

⑤ＯＪＴ　……………………………………………… 69

　　⑥ ほうれんそう（報告・連絡・相談）　…………… 70

　　⑦ 指示の受け方　………………………………… 71

　　⑧ 外出と残業　…………………………………… 74

　　⑨ 退勤　…………………………………………… 77

　　⑩ 休憩時間の使い方　…………………………… 79

　　⑪ 席の外し方　…………………………………… 80

　　⑫ 暗黙のルール　………………………………… 81

　　⑬ 休暇の取り方　………………………………… 82

第5節　挨拶と敬語　………………………………… 87

　　① 挨拶　…………………………………………… 87

　　② お辞儀　………………………………………… 89

　　③ 敬語　…………………………………………… 90

第6節　他社を訪問する　…………………………… 94

　　① 名刺の交換　…………………………………… 95

　　② 手土産の渡し方　……………………………… 96

　　③ 応接室や会議室での座り方　………………… 97

　　④ エレベーターでの位置　……………………… 98

第7節　パソコンなどＯＡ機器　…………………… 99

　　① パソコンの管理　……………………………… 100

　　② インターネット　……………………………… 101

　　③ メール　………………………………………… 102

　　④ 電話とファックス　…………………………… 107

第8節　アフターファイブ ……………………………………… 109

第9節　聞こえないことを理解してもらうために ……………… 111

① 補聴器 …………………………………………………………… 111

② 聞こえる人と聞こえない人の指差しの違い ………………… 113

③ 話し言葉と手話のニュアンスの差 …………………………… 114

④ 福祉のことなど ………………………………………………… 115

⑤ 正社員と契約社員 ……………………………………………… 116

聴覚障害者の就職を支援する方々へ ——————————— 118

聴覚障害者の就労を支援する方々へ ——————————— 120

【指文字表】————————————————————— 122

【アルファベット指文字】——————————————— 124

【両手アルファベット指文字】————————————— 125

【数詞表】—————————————————————— 126

【参考文献】————————————————————— 127

【著者略歴】————————————————————— 128

【手話単語索引】——————————————————— 129

第1章
だい いっしょう

就職活動
しゅうしょく かつどう

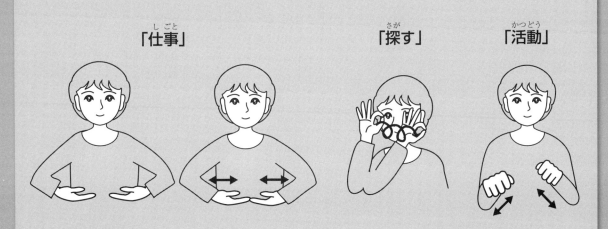

「仕事」　「探す」　「活動」

第1節 会社を探す

　社会生活は、就職活動から始まります。就職活動は、略して「就活」と言います。「企業などが人を募集すること」ことをリクルートといいます。この場合は「会社」「人」「探す」の手話になります。リクルートは、学生などが働く会社を探すことにも使われます。

「就活」

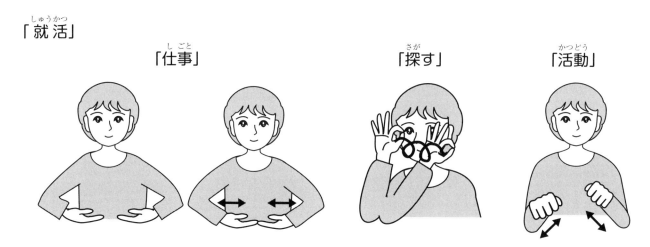

　「仕事」は、「ビジネス(a)」と同じ手話で参照（P.2）。「探す」は、親指と人差指で目の形を作って、目のところで回しながら横へ動かす。「就活」は、「仕事」と「探す」で表す。「活動」は、両手の握り拳を、少し前後させて左右に並べ、交互に前後に動かす。

指文字はひらがなもカタカナも同じです。

① 働くことの意味

働くことの意味を考えて、就職する会社を選びましょう。働くことには３つの意味があります。

1. 人は働くことで収入を得て自立し、自分や家族の生活を維持します。
2. 働くことを通して技術や知識を身につけて、人間的に成長します。仕事の中で自己実現を図ることができます。
3. 仕事は、企業の利益につながり、その商品を買ったり、サービスを受けたりする一般の人びとの役に立ちます。納める税金は社会を維持したり、発展させたりすることに使われます。働くことは社会に貢献することです。

「収入」

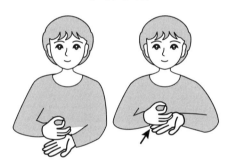

手のひらの上に、他の手を「お金」の形にしておき、同時に手前に引く。

「技術」

人差指と中指で、手のひら側が下になった他の手の手首をたたく。

「知識」

指文字「ち」を頭の横に付け、少し後ろへずらす。

「自己実現」

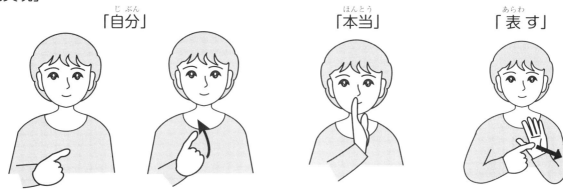

「自己」は、人差指を胸にあて指先を上にあげる。「本当」は、手のひらを横に向けた手の人差指をあごの真ん中にあてる。「表す」は、手のひらに、他の手の人差指の先をつけ、同時に前へ出す。

「社会」

甲を前にした親指と小指を立てた両手を前方に並べて示し、水平に円を描くようにして手前に引き、手のひらを前にして並べる。

「貢献」

「社会に貢献する」の「貢献」は、「与える・渡す」の手話で表す。手のひらを上、指先を前向きにした両手を、同時に前方に差し出す。

キーワード

自立——
他からの援助を受けないで、社会人として自分の力だけで生活すること。

自己実現——
働くことなどを通して、自分のもつ能力を最大限に発揮し、より成長した自己を実現すること。

自分が働く会社を決めるには、家族とよく相談します。また、インターネットで調べたり、先輩の経験を聞いたりします。インターネット上にはいろいろな情報がアップされています。口コミサイトなどの場合は、個人の考えで書いてあることも多く、そのまま信じないことも大切です。希望の会社があったら会社訪問をします。

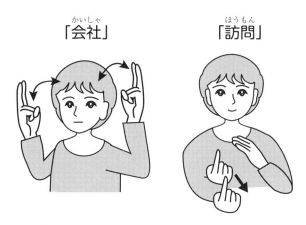

「会社」は、両手の人差指と中指を立て、頭の両側におき、交互に前後にふる。「訪問」は、片手で家の屋根の形を示し、その下に立てた人差指を入れる。

今は、インターネットで会社の見学会や説明会に申し込むシステムになっている会社が多い。

「インターネットで会社説明会に申し込む」

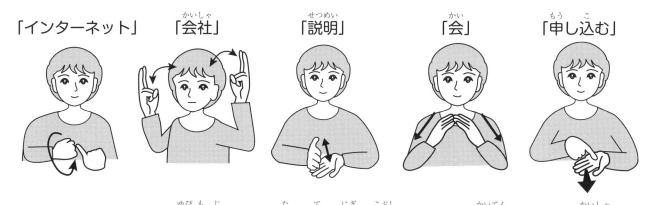

「インターネット」は、指文字「イ」を他の手の握り拳のまわりを回転させる。「会社」は、上の項目参照。「説明」は、指先を前に向けた手のひらを、他の手の指先で2～3回たたく。「会」は、手のひらを斜め下に向けた両手の指先を斜めに付け合わせ、そのまま斜め下へ引き離す。「申し込む」は指先を前、手のひらを上に向けた手を示し、その手のひらに他の手の人差指の先をつけ、両手を同時に前へ出し、注文・要求を紙に書いて差し出すしぐさを表す。

「インターネットで」の「で」や「説明会に」の「に」などの助詞は、手話では特に表

さなくてよい。「説明会」の手話をした位置で「申し込む」の手話をすることで「説明会に」の意味を表すことができる。

　インターネットで募集がなくても、障害者の雇用は別枠になっている場合もあります。先生やハローワーク（公共職業安定所）などに相談して連絡をとってもらいましょう。
　障害があると就労が難しくなります。国は、障害者雇用促進法（障害者の雇用の促進等に関する法律）を定め、事業主に対して、民間企業では、2％以上の障害者の雇用を義務づけています（法定雇用率）（国、地方公共団体、特殊法人等は2.3％、都道府県等の教育委員会は2.2％。2013年4月1日現在）。

「障害者雇用は別枠です」

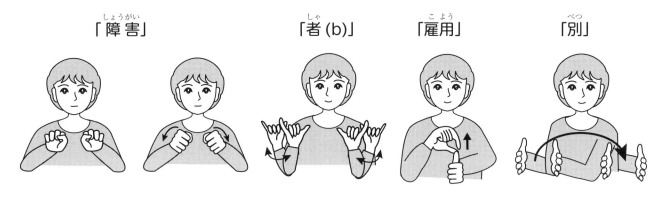

　「者（b）」は、人数の多いときに使う。参照「者（a）」（P.3）。「雇用」は、立てた親指を他の手でつまみあげる。「別枠」は、両手の手のひらを向かい合わせておき、上に弧を描きながら反対側におく「別」の手話で表す。「枠」は表さなくてよい。

キーワード

会社訪問 ──
働いてみたい会社に連絡して会社を訪れ、採用担当者などに会社の説明を聞いたり、会社の様子を見学したりすること。

会社説明会 ──
企業が自分の会社のことを就職希望者に知ってもらうために開く説明会。会社の概要、仕事や職場、給与や休暇などについて知ることができる。選考の第一段階になる場合が多い。

② 特別支援学校の生徒

特別支援学校の生徒が、訪問する会社を決めるときには、両親などの保護者、進路担当や担任の先生と相談します。

よく相談することは大事ですが、最後の判断は自分でします。自分で考え判断することは会社に入ってからも求められます。

職場体験実習のときの「日誌」を読み返してみるのも参考になります。職場体験実習は、就業体験とかインターンシップという場合もあります。

学校の先輩が入ったことのある会社なら、先生から様子を聞くことができます。また、先輩と連絡をとって経験談を聞くことも大切です。

「特別」　　「支援（助ける）」　　「学校」

「特別」は、親指と人差指の指先を手首につけ「V」の字を書くように動かす。「支援（助ける）」は、立てた親指を手のひらで押す。「学校」は教科書を読むしぐさ。

「担任の先生」(「担任」+「先生」)

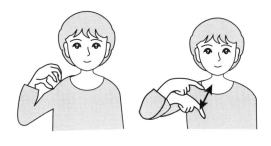

「担任」は、指を折り曲げた手を肩にのせる。物を肩にのせるイメージ。「責任」を表す。「先生」「教える」は、人差指を相手に向かって2〜3度振る。「先生」を単独で表す場合は「教える」の後に親指を立てて「男または女」を示す。

「進路」　　「担当」

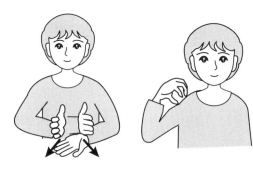

「進路」は、手のひらを道に見立て、それを区切り「コース」を表す。「担当」は、担任と同じ。

「職場」(「仕事」+「場所」)

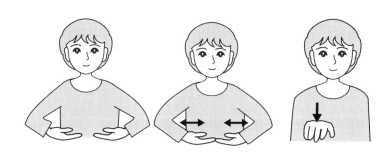

「仕事」は、既出(P.2)。
「場所」は、指を折り曲げた手を押さえるようにおいて「場」を示す。

「体験」(「体」+「経験」)

「体」は、手のひらで体を丸くなでる。
「経験」は、両手の指先を前後に触れあわせる。

「実習」(「本当」＋「練習」)

「本当」は、既出（P.14）。
「練習」は、手のひらを上に向けた手の指先で、手のひらを下に向けた他の手の甲をたたく。

キーワード

職場体験実習・就業体験・インターンシップ
ほぼ同じ意味で使われる。一定期間企業などの中で研修生として働き、会社とはどんなところか、自分にはどんなことができるかを理解する。就職した後で仕事があわなくて会社を辞めるなどのミスマッチを防ぐ。

③ 大学生や社会人

大学生の場合なら、大学のキャリアセンターなどと相談します。また、ハローワークには、障害者の就職を支援する「専門援助部門」があり、障害者の就職に詳しい担当者がいて、手話通訳者を配置しています。社会人で転職を考えている場合も、ハローワークで相談しましょう。

「ハローワーク」(挨拶の「ハロー」＋「仕事（ワーク）」)

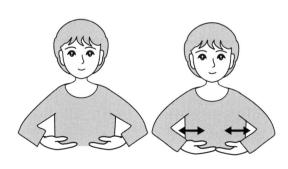

「ハロー」は、斜め上を向けた手を前に出す。ハローと挨拶するしぐさ。
「仕事（ワーク）」既出（P.2）。

「専門援助部門」

「専門」　　　　　「援助」　　　　　指文字「ぶ」　　　　「門」

「専門」は、人差指と中指を前に向けて体の両脇におき、間をせばめながら上にあげる。「援助」は、「助ける」の手話で、親指を立てた手を他の手のひらで2〜3度前へ押す。「部門」は、指文字「ぶ」と、両手の人差指を立てて門柱を表す「門」の手話。

キーワード

専門援助部門

障害者がハローワークで仕事を探すときは、障害者の就職を専門的に援助する窓口を利用するとよいでしょう。名前はハローワークによって違っていたりするので、受付でよく確認しましょう。

④ インターネットでの情報発信

今は、FacebookやTwitter、mixiといったSNSでインターネットに手軽に情報発信できる時代です。SNSで書き込む前に、その内容が他人に迷惑をかけないかどうか、よく確認しましょう。

会社訪問や面接のことなどをSNSなどで安易に書き込むのはやめましょう。人事担当者があなたの書き込みをチェックしているかもしれません。会社に悪い印象を与えるような書き方をすると、会社はあなたを採用しようという気持ちがなくなります。

また、会社の名誉を傷つけるような情報発信は、責任を問われます。その責任は取り返しのつかない重大なことにつながります。裁判になって高額の賠償を請求された例もあります。

「S」 「N」 「S」

「SNS」は、アルファベットの形を表す。

「責任」

「責任」は「担当」と同じ手話。既出（P.18）

キーワード

SNS（ソーシャル ネットワーキング サービス）

スマートフォンやパソコンなどを使ってメッセージや写真などをやりとりし、人と人のつながりをインターネット上に作るサービス。メッセージを書くときはもう一度読み直して問題がないか見直す、写真を投稿するときは学校名や幼稚園の名前など個人の情報が漏れないように注意する、などマナーを守りましょう。

SNSを利用するときは内容を確認しましょう

早く返事しなくちゃ
この文章で大丈夫かな

住所や本名などの個人情報は不用意に書かないようにしましょう

第2節 会社訪問

会社訪問は、すでに面接が始まっているという気持ちが必要です。訪問した会社に入りたいと思っても、会社訪問のときの態度が悪ければ、断られます。

① リクルートスーツ

リクルートスーツは、黒かグレー、紺色の無地にします。ストライプ柄は避けたほうがよいでしょう。

寒い時期でコートを着ていくときは、訪問先の会社の玄関に入る前にコートを脱ぎます。マフラーや手袋も同じです。

「背広」

両手の親指で背広の襟を示す。「着る」の手話を特に表さなくても、この手話だけで「背広を着る」を表す。

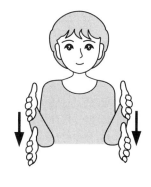

「スーツ」

両手で体の両サイドを下にはらい、スーツの両サイドを示す。

Ｙシャツとブラウスは白です。下着は、色が透けて見えないように白か薄い色にしましょう。

携帯電話やスマートフォンを時計代わりにつかっている人も、会社訪問の時は、腕時計をして行きましょう。時計代わりに携帯電話やスマートフォンを見ると、携帯電話やス

マートフォンで関係ないことをしていると誤解されます。

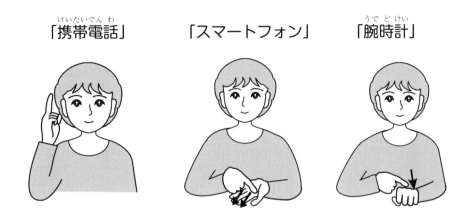

「携帯電話」は、人差指を立てた握り拳を耳のところにおく。人差指は初期の携帯電話にあったアンテナを示す。「スマートフォン」は人差指でスマートフォンの画面を操作しているようす。「腕時計」は、腕時計をしているところをさす。実際に腕時計をしていなくてもよい。

聞こえない人は腕時計の時報に気づかないことがあります。腕時計の時報やアラームの機能はオフにしておきましょう。
携帯電話やスマートフォンはマナーモードにしておきましょう。

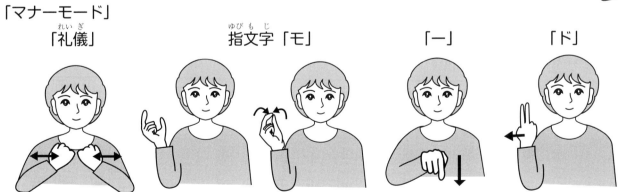

「マナー」は既出（P.2）。「モード」は指文字で表す。

② **カバンやバッグ**

　ネクタイは縞柄かドット柄の地味なものにし、カバンはビジネスバッグを用意しましょう。

　メガネも地味なものにして、指輪などのアクセサリー類は控えましょう。

　男性は、革靴で靴紐のある黒を選びます。靴のかかとは踏まないようにしましょう。

　女性は、パンプスにし、色は黒でヒール（かかと）の高さは３cmより低いものにし、ストッキングをはいてはきましょう。

　靴は、はき慣れておきましょう。会社訪問の日に初めてはくと、歩き疲れたり、靴擦れができたりして、歩き方が変になります。

「ネクタイ」

両手でネクタイを締めるしぐさ。

「バッグ」

バッグを持つしぐさ。ハンドバッグの場合は腕にかけるしぐでもよい。

「靴」

手のひらを下に向けた手の手首のところに、他の手の親指と人差指をおき、その手を上に引きあげる。

③ 会社説明会

メモ帳も忘れずに持って行きましょう。聴覚障害者の場合、話を聞きながらメモをとるのは難しいです。重要なことは、忘れないうちに、話の合間や休憩時間にメモをとりましょう。筆談用のメモ帳も用意しましょう。

案内されている以外の場所をのぞいてはいけません。会社によっては機密情報や現金を扱っているところがあります。そこは、社員でも特別に許可された人しか入れません。

「メモ帳（メモをとる）」

メモをとるしぐさで「メモ帳」や「メモをとる」の手話になる。手話では、動詞と名詞が同じ形になることが多い。英語のtelephoneに「電話」と「電話する」の意味があるのと同じ。

説明会の最後に「質問はありませんか」と言われることがよくあります。積極的に質問をしましょう。あらかじめ、インターネットで会社のことを調べておいて、質問を準備することも必要です。しっかり質問ができないと、この会社に興味がないのだなと思われます。質問をする内容が思いつかないときは、インターネットで調べていてわかっていることでも、質問をしましょう。

「質問（する）」

甲を前にした手を耳の横におき、前へ倒すように出す。「質問（する）」の手話も、動詞と名詞が同じ形。左の図の形は「相手に質問する」ときに使う。この手話を自分に向けてすると「質問を受ける」の意味になる。自分が質問を受ける意味で「質問はありませんか」というときは、右の図の手話を使う。

「質問を受ける」

第3節 面接

面接ではコミュニケーションが大切です。聴覚障害者であることを理解して手話通訳者を用意してくれる場合もあります。その会社で働くことを想定して、口話で面接をすることもあります。話がよく聞き取れないときや、自分の話す内容がうまく伝わらないときは、筆談をします。

口話の力のある場合でも、複数の面接官から次々に質問されると、誰が話しているかを確認するのに手間取り、話し始めを見ることができないで、読話できないこともあります。

面接の想定質問を準備して、答え方を考えておきましょう。特別支援学校の生徒の場合は、進路担当の先生と面接の練習をするのもよいでしょう。

「面接」

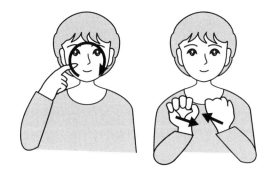

人差指で顔の前で丸く円を描き（「顔」の手話）、両手の握り拳を前後に向かい合わせる。顔が向き合っているようす。「顔」の手話は省略されることもある。

「口話」（「口」＋「言う」）

「口」は、人差指で口のまわりに円を描く。
「言う」は、人差指を口の横において前に出す。

「筆談」

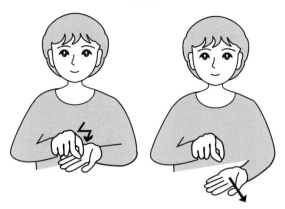

上を向けた手のひらの上に、親指と人差指の先を合わせた手で書くしぐさをして、手のひらを前に出す。

【面接想定質問】

1. 学校名、名前を教えてください。
2. 今日、ここに来た方法（交通手段）、時間は？
3. 弊社を志望した理由は何ですか。
4. 弊社のことを何で知りましたか。
5. 弊社は、どんな仕事をしているか知ってますか。
6. あなたの障害の特性は何で、どんな配慮が必要ですか。
7. 耳が聞こえないという面で、不便だと感じたことは何ですか。
8. 生き生きと働くためには、どんな職場環境が必要だと思いますか。
9. あなたは、常に成長しようという意欲が高いですか。
10. あなたは、明るく素直で協調性がありますか。
11. あなたは、チャレンジ精神旺盛ですか。
12. 学校では、どんな勉強をしていますか。
13. 得意な科目と、不得意な科目は何ですか。
14. あなたは、どんなスポーツをしていますか。
15. 友達や先生とは、どのようにコミュニケーションをとっていますか。
16. あなたの「長所」は何ですか。
17. あなたの「短所」は何ですか。
18. 友達との話題は何ですか。
19. 最近のニュースで興味を持ったことは何ですか。
20. 今までの学校生活で、一番良かったことは何ですか。

２１．今までの人生で、あなたの成功体験は何ですか。

２２．高校生のとき（学校生活で）悪かったこと（残念！　悔しかった！）を教えてください。

２３．最後に弊社への質問は？　２つ、お願いします。

① **履歴書を準備する**

高等学校卒業見込みで面接を受けるときは、全国高等学校統一用紙（文部科学省、厚生労働省）の履歴書を使います。

大学卒業などの場合は、一般の履歴書を使います。市販の履歴書でよい場合と、会社の指定した様式を使う場合があります。

「履歴書」（「履歴」＋「書」）

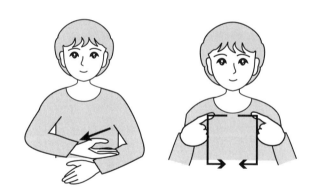

「履歴」は、手のひらを上、指先を横に向けた手を、前に伸ばした他の手の二の腕のあたりにおき、手先に向けておろす。物事の流れを表す。「書」は、両手の人差指で書類の形を描く。

履歴書に貼る写真は、リクルートスーツを着て写真館に行き「就職用の写真をお願いします」と言ってきちんと撮りましょう。写真館の写真を使えば、この会社に絶対入りたいんだという意気込みを示すことができます。

「証明写真」(「証明」+「写真」)

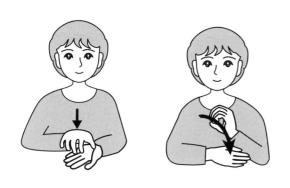

「証明」は、手のひらの上に、指を折り曲げた他の手をおく。「証明」の印を押すしぐさ。

「写真」は、指文字「お」の前で、指文字「く」の手を上から下へおろす。カメラのシャッターの動き。

志望の動機は、入りたい会社がどんな仕事をしているか、よく調べて書きましょう。
履歴書に書いたことは、面接のときに質問されますから、コピーをとってから提出しましょう。

「志望の動機」(「申し込む」+「理由」)

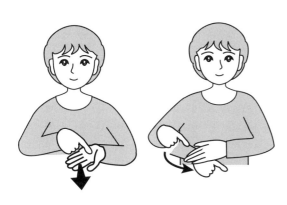

「申し込む」は、既出（P.15）。

「理由」は、手のひらを下に向け、やや丸めた手の下に、他の手の人差指をくぐらせる。隠されたものごとを探っているようす。

キーワード

履歴書

学業や職業の経歴、資格などを記した書類で、就職や転職時に選考用の資料として用いられる。証明写真を貼付する。採用後は人事書類として社内で大切に保管される。

証明写真

その人物を判断し、他人のなりすましを見分けることなどを目的に身分証明書や書類などに貼付される上半身を写した写真。サイズは履歴書では縦4センチ、横3センチが一般的。指定のサイズをよく確認すること。

志望の動機

なぜその企業を志望しているのか、その理由。企業がどんな仕事をしているかと、自分が何ができるかをよく考え、「自分はこういうことが得意で、それを活かしてこういう仕事に挑戦し、御社に貢献したい」とアピールする。

② 面接を受ける

聴覚障害者が面接を受けるとき、会社の対応は二通りあります。手話通訳者を用意してくれる場合と、口話や筆談で対応できるかどうかを見る場合です。

特例子会社の場合は、会社に専門の手話通訳者がいることが多く、手話通訳者が採用面接にも対応します。面接のときに手話通訳者を依頼する会社もあります。そのような会社では重要な会議のときなどにも手話通訳者を依頼してくれる場合があります。面接を受ける前や面接のときなどに、その会社の情報保障について、よく確認しておく必要があります。

「手話」は、両手の人差指を横にして上下に並べ、互い違いに回転させる。

「通訳」は、親指を立てて口の前で左右に動かす。

面接の順番が来たら、聴者は自分で部屋のドアをノックして、中から「どうぞ」という返事があったら面接室に入ります。聴覚障害者の場合は、係の人が指示してくれます。部屋に入るときは「失礼します」といい、椅子に座るように指示されたら「よろしくお願いします」といって座ります。

キーワード

特例子会社

大企業などが障害者を雇うことを目的に作った子会社。障害者に対する配慮が充実している。一定の条件を満たせば親会社やグループ企業とまとめて雇用率を計算できる。

ポイント

椅子には背筋を伸ばして座りましょう。

質問を受けるときは、読話のために相手の顔をよく見ます。

「名前をいってください」といわれたときに「私の名前は○○と申します」というのは、少し異様に聞こえます。この言い方は話題にするものをまず取り上げるという手話の特徴を反映したものです。

普通は「○○と申します」といい、「私の名前は」はつけません。

「言う」

「言う」は、既出（P.26）
手話では「言う」も「申す」も同じ形。「申します」の場合は、動作をゆっくりにして丁寧さを表す。

「名前(a)」　「名前(b)」

「名前」の手話は、関東では手のひらに親指の先をつけ、関西では親指と人差指で作った輪を胸に当てる。

志望の動機をきちんと説明する

履歴書に書いた志望の動機はしっかり覚えておいて、質問されたら、きちんと答えられるようにしましょう。履歴書とまったく違うことを言うのはおかしいし、履歴書に書いた志望の動機を丸暗記して答えようとすると、言い間違いや言い忘れをしてしまいます。話そうとすることのストーリーを覚えておいて、少し言葉遣いが違っても気にしないで、ストーリーに沿って話しましょう。

③ わからないときは

質問が読み取れなかったら、「済みません。もう一度お願いします」と言います。それでもわからないときは、筆談をお願いすることも必要です。字が達筆でわからないときは、字を指でなぞって「ここは○○ですか？」と確認します。質問の意味がわからないときは「こういう意味でしょうか？」と確認します。

「済みません。もう一度お願いします」

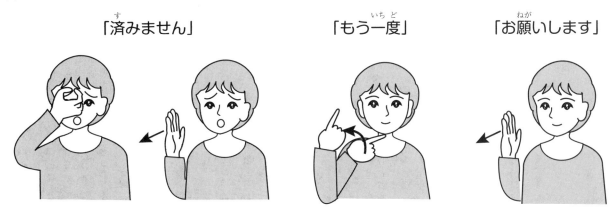

親指と人差指で額をつまむのは額にしわがよるようすで「迷惑」、そのしぐさから手を前に出して謝るしぐさで「済みません」。「もう一度」は、人差指の先をあごにつけ、はねるように人差指を立てる。「お願いします」は、指先を上、手のひらを横に向けた手を胸の前におき、前へ倒すように出す。

ポイント

わからないのにわかった振りをするのはやめましょう。「わかりましたか」と言われたときに、「わかりましたか」が読話できたので、つい「わかりました」と答えてしまいます。それはよくないことです。「わかりましたか」の前の質問が理解できたかどうか、よく考えて答えましょう。

「わかる」　　　「わからない」

「わかる」は、手のひらを胸にあて、下へなで下ろす。よくわかって胸におさまること。「わかる」の反対の動作で「わからない」。

✋ ポイント

「あなたは耳が聞こえないので、電話ができませんが、どうしますか」と聞かれたとき、「メールを活用します」と答えると同時に、「タイピングが速くて正確です」などと、自分ができることを積極的にアピールしましょう。

「タイピングが速くて正確です」

「キーボードを打つ」　　「速い」　　「正しい」

両手で「キーボードを打つ」しぐさは、パソコンだけでなくピアノなどのキーボードにも使う。「速い」は、親指と人差指の先をつけた手を、指先を横に向けて体の脇に示し、腕と反対側へ素速く動かしながら人差指を伸ばす。「正しい」は、親指と人差指の先をつけた両手の指先を上下に重ねて腹にあて、上の手を胸に向かってまっすぐにあげる。

「自分を積極的にアピールしましょう」

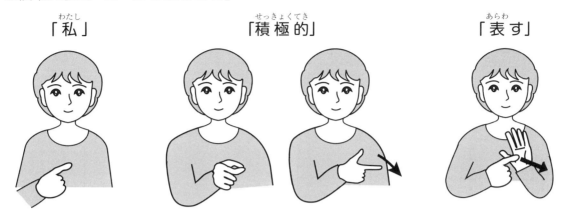

「私」は、自分の胸をさす。「積極的」は、親指と人差指の先をつけ指先を横向きにした手を腕と反対側の脇にあて、人差指を前へ開く。「表す」は、人差指の先を他の手のひらにあて、一緒に前へ出す。

④ 会社が求めているのは

会社が社員に求めているのは、次のようなことです。

「求める」

指先を前に向けた両手の手のひらを重ねて、上にのせた手を2〜3度上下に動かす。

・遅刻しない

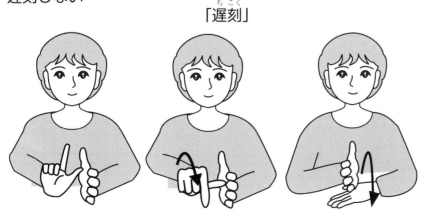

「遅刻」は「時・〜とき」と「遅れる・過ぎる・オーバー」の組み合わせ。「時・〜とき」は、親指と人差指を立てた手の親指を他の手のひらにあて、人差指を前に倒すように半回転させる（時計の針の動き）。「遅れる・過ぎる・オーバー」は、指先を横に向けた手の甲の親指側から、指先を前に向けた他の手の前に出す。峠を越えるよう。「ダメ」は、両手で×を示す。この「ダメ」はかなり強いニュアンスを持っている。

「遅刻しない」は「遅刻」「ダメ」の手話で表します。話し言葉では「遅刻はよくない」というように「よい」を否定して間接的に悪いを表す婉曲的な言い方をしますが、手話では直接的に「遅刻はダメ」で表します。

・休まない

「休む」　　　　「ダメ」

「休む」は、指先を前にし、手のひらを下に向けた両手を、両脇に離して水平に並べ、両手を中央でつける。「ダメ」は、前項参照。

この「休まない」は、「休むことをしない」という意味ではなく、「無断で休んではいけない」という意味なので、「休む」「ダメ」で表します。有給休暇は、きちんととりましょう。

学校から提出された成績証明書に欠席日数が書かれている場合は、理由をきちんと説明できるようにしておきましょう。

・協調して仕事ができる

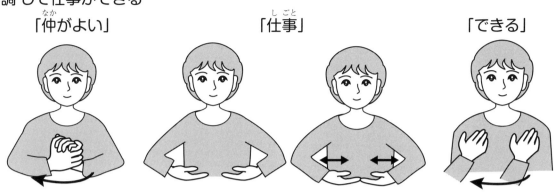

「仲がよい」は、両手をしっかりと握り合わせ、水平面に円を描く。この「仲がよい」は、円を描く動作があることから、2人でなく、グループで仲がよいを表す。「仕事」は既出（P.2）。「できる」は、指先を腕と反対側の胸の端にあて、つぎに腕側の端にあてる。指先が体をこすらないようにする。胸を張って「大丈夫」というしぐさを表す。この「できる」は、「可能」の意味で使い、「友だちができる」などの「生じる」の意味では使わない。

・意欲的に仕事ができる

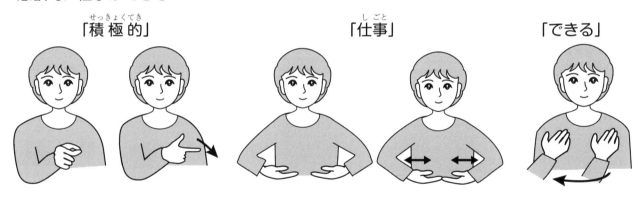

「積極的」(p.35)、「仕事」(P.2)、「できる」（ページ上）は既出。

キーワード

成績証明書

本人氏名と生年月日、入学と卒業の年月日、各教科の成績（評定）・修得単位数、出欠席日数などが記載され、校長が証明した書類。卒業後5年を過ぎると成績証明書は発行されない（学校教育法施行規則第28条）。単位取得証明書は卒業後20年まで発行される。

⑤ **質問をする**

面接の終りに、「これで面接を終わります。最後にあなたから弊社に何か質問はありませんか」と聞かれることが多いです。

「弊社」は、自分の会社を謙遜して言う謙譲語で、会社の人が使います。面接で、その会社のことを言うときは「御社」と言います。話し言葉では「御社」を使います。エントリーシートなどの書き言葉では「貴社」を使います。

ここで質問をすれば、会社はあなたのことを、積極的、やる気があると見てくれます。質問をしないと、会社はあなたのことを、消極的、やる気がないとみなします。

求人票やインターネットで会社のことをよく調べて3つくらいの質問を準備しておきましょう。準備した質問の答が面接の中で説明されてしまったときも、他に質問が思いつかないときは、その質問をしましょう。

「消極的」

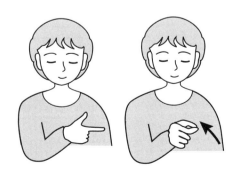

親指と人差指を開いた手の指先を横向きにして、腕と反対側の脇にあて、指先を閉じる。

キーワード

求人票 ― 職業安定法によって定められた労働条件を明示した書類。

1. 労働者が従事すべき業務の内容に関する事項
2. 労働契約の期間に関する事項
3. 就業の場所に関する事項
4. 始業、終業の時刻、所定労働時間を超える労働の有無、休憩時間及び休日に関する事項
5. 賃金の額に関する事項
6. 健康保険、厚生年金、労働者災害補償保険及び雇用保険の適用に関する事項

⑥ 就職試験の結果

就職活動では、たくさんの会社に挑戦しても、内定がもらえるのはわずかです。不採用の連絡があっても、「その会社とは相性が悪かったんだ」と考えて、次の企業に積極的に挑戦しましょう。

「結果」

ひもを「水引き」の形に「結ぶ」しぐさを表す。

「合格・受かる」

他の手の後ろから指先を上にした手を上へ出す。

「不合格・落ちる」

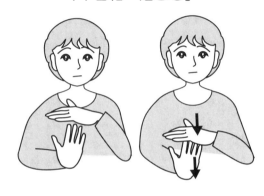

指先を上にした手を、他の手のひらで下へ押しさげる。

第4節 内定

努力の成果で内定をもらいました。入社までは、手続きや研修が待っています。内定の書類をもらったら「内定承諾書」を出します。「入社承諾書」や「内定誓約書」ともいいます。

「内定」

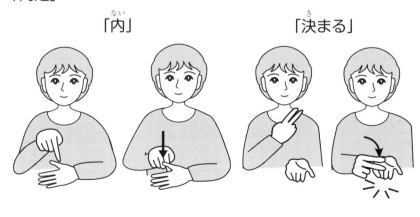

「内」は、指先の横を向けた手の内側を他の手の人差指で指し示す。「内」を表すのにも使う。「決まる」は、人差指と中指を立て他の手のひらに打ち付ける。

「承諾書」（「認める」＋「書」）

「承諾」は、「認める」の手話を使う。握り拳の腕を立てて、ひじを動かさないようにして前に傾ける。「書」は、既出（P.28）。

「誓約」（「約束」）

「誓約」は「約束」の手話。日本の自然な身ぶりと同じ。

　　　　　　　　　　内定承諾書

　この度、私は貴社に採用が内定されましたので、　　　　　を卒業の上は、貴社へ就職することを承諾致します。従って他への就職あるいは貴社への入社取消などの行為を一切しないことをここにお約束します。但し、以下の何れかに該当する場合は、採用を取り消されても異議のないことを承諾致します。

　　　　　　　　　　　　記

　1．　　年　　月に　　　　　　を卒業できなかったとき
　2．採用試験のときに提出した書類に重大な偽りがあったとき
　3．病気、事故等により、就労に耐えないとき
　4．刑事事件で有罪の判決を受けたとき
　5．その他、前各号に準ずる程度の不都合な行為のあったとき
　　　　　　　　　　　　　　　　　年　　　月　　　日
　　　　　　　　　　　　内定者氏名＿＿＿＿＿＿＿＿

会社から送られて来た内定承諾書に必要事項を書き込んで、返送します。コピーをとって、下書きの練習をしてから、正式な書類に書き込みましょう。

内定承諾書は折り曲げずクリアファイルにはさんで送ります。白い封筒で表面に赤い文字で『内定承諾書在中』と書きます。

内定承諾書だけを送り返すのは、失礼になります。添え状（送り状）を同封します。添え状には、その書類の送付者や宛先、時候の挨拶などを加えます。

添え状（送り状）の例

```
                                    平成〇〇年〇〇月〇〇日
〇〇〇〇株式会社
人事部採用担当　〇〇〇〇様
                        【住所】
                        【氏名】

拝啓、時下ますますご清栄のこととお慶び申し上げます。
　この度、内定の通知をいただきましたこと、誠にありがとうございます。貴社の社員の一員になれると思うと、嬉しい反面、とても身が引き締まる思いです。何卒ご指導の程、よろしくお願い致します。
　つきましては、ご指示いただきました書類を送付致しますので、ご査収の程よろしくお願い申し上げます。
                                            敬具
```

会社の名前は、〇〇株式会社だったり、株式会社〇〇だったりするので書類をよく確認し、担当者の名前も間違えないようにしましょう。送り状はパソコンで印刷してもよいが、氏名は印刷しないで手書きしましょう。

① 入社の手続き

入社の時期が近づくと「身元保証」の書類を出します。会社に損害を与えた場合、保証人は損害賠償の責任を負います。保証期間は「身元保証ニ関スル法律」で最長5年間と規定されています。保証人は普通は一人ですが、金融機関などでは二人の場合もあります。保護者や親戚が保証人になることが多いです。

給与は銀行振込になるので、会社が指定した銀行の口座を作ります。

「身元保証」（「身元」＋「保証」）

「身元」は、「誰」と同じ手話で表す。指を少し曲げた手の甲を前に向け、その指先を後ろに向けて、手側のほおにつけ、少し前へ出す。「保証」は、指文字「ほ」と「証明」の手話。「証明」は、手のひらの上に、指を折り曲げた他の手をおく。「証明」の印を押すしぐさを表す。

「銀行口座」（「銀行」＋「口座」）

「銀行」は、お金の形の両手を体の両脇におき、同時に上下させる。

「口座」は、人差指で口のまわりに円を描いて「口」、指文字「ざ」。

「振込（受け取る）」

片手でお金の形を示し、他の手のお金の形を前方に示し、手前に引く。振り込みでお金を受け取るようす。支払う場合は逆の動作になる。

20歳になると国民年金に入ります。子どものときから障害のある人は20歳になって障害基礎年金をもらう手続きをします。

就職すると、厚生年金に入る手続きが必要です。20歳を過ぎている場合は、国民年金手帳の確認が必要になります。

健康保険も保護者の扶養家族から、自分の健康保険になります。

これらの手続きをきちんと行うことは、会社に入ってから仕事をする能力につながります。

「国民」（「国」＋「人々」）

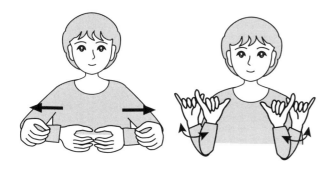

「国」は、指文字「C」の両手を、親指を上にし指先を合わせて菱形を作り、水平に左右に離しながら両手の指を閉じる。「民」は両手で表す「人々」の手話を使う。「者(b)」と同じ。

「年金」（「年」＋「お金」）

「年」は、縦にした握り拳の親指と人差指の輪に、他の手の人差指の先をあてる。親指と人差指の輪で年輪を表す。「お金」は、「お金」を示す身ぶり。

「厚生年金」

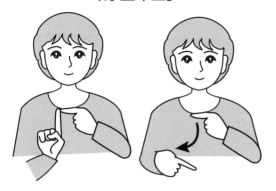

「厚生」は「厚」の漢字のかまえを表す。この手話の後に「年金」をつける。

「健康保険」(「健康」+「保険」)

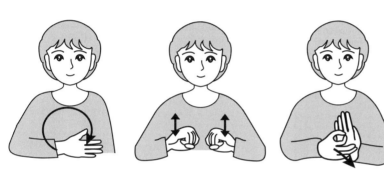

「健康」(「体」+「元気」)は、手のひらで胸を丸くなでて「体」、ファイトのポーズで「元気」。指文字「ほ」に「お金」をつけて前に出し「保険」。

キーワード

国民年金 ——
日本国内に住所を有する20歳以上60歳未満のすべての人が加入する。老齢（65歳）・障害により「基礎年金」を受けることができる。

障害基礎年金 ——
国民年金加入者が、病気やケガで障害が残ったときに受け取れる。20歳未満の時から障害があり、その後、成人した後も障害の状態が続いている場合も受け取れる。

厚生年金 ——
日本の労働者が加入する公的年金制度。厚生年金は、国民年金に上乗せして支給される。厚生年金加入者は、国民年金にも自動的に加入していることになる。

共済年金 ——
公務員や私立学校の教職員などは共済年金に入っていたが、年金制度の一元化により、平成27年10月から厚生年金に加入。

日本は「国民皆保険制度」で、原則すべての国民が、病気やけが、またはそれによる休業、出産や死亡といった事態に備える公的な医療保険に入っている。

健康保険
　主に民間企業等に勤めている人とその家族が加入。

共済組合
　公務員や私立学校の教職員とその家族は、共済組合が医療保険も行う。共済組合員証が「保険証」になる。

国民健康保険
　健康保険や共済組合に入っていない人などが住民登録のある市町村で入る公的な医療保険。

後期高齢者医療制度
　75歳以上の人が加入（65歳以上75歳未満で、寝たきりなどの障害があると認定された人）。

② **内定式**

多くの企業では10月1日に内定式を行います。

「10月1日」

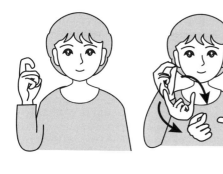

「10」を表した手で「月」の形を描き、「月」のイメージを残したままで、他の手で「1」を表す。「日」は表さなくてもよい。

「式（a）」

並んだ人々が礼をして挨拶するようす。
「朝礼」の「礼」に使う。

「式（b）」

指先を上に向けた手を前後におき、前の手を前に出し、大勢の人びとが並んでいるようすを表す。

③ 健康診断

入社の前に健康診断があります。会社の指定の病院で健康診断を受ける場合と、自分で病院に行って健康診断を受けて報告する場合があります。

「健康」（「体」＋「元気」）「診断（受ける）」

「健康」は既出（P.45）。「診断」は、人差指と中指の指先で他の手の甲をたたく。聴診器をあてているようす。自分が健康診断を受けるときは、手を胸の前におき、外側から人差指と中指の指先でたたく。

「診断（する）」

これはお医者さんが患者を診断するときに使う。

「病院」（「医師」＋「ビル」）

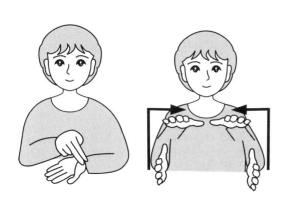

「病院」は、「医師」と「ビル」を表す。「医師」は脈をとるしぐさ。医師を単独で表すときは、この手話の後に親指を立てる。この親指は「男」ではなく、人間一般を表す。「女医」の場合は小指を立てる。「医院」は、「医師」と「場所」（参照 P.18）で表す。

④ 入社前の研修

会社によっては、入社前の研修があります。

「入社前研修」

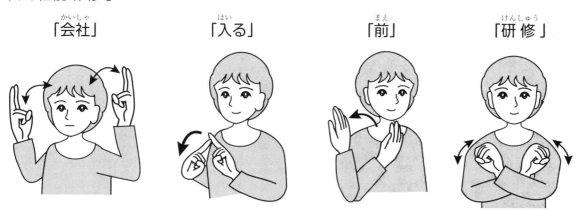

「会社」 「入る」 「前」 「研修」

「会社」は、既出（P.15）。「入る」は、漢字「入」の字形を作り、前へ倒すことで「入る」を表す。「入社」は、「入る」「会社」の順でもよいが、「会社」「入る」の方が手話とし

て自然。「前」は、指文字「ほ」を肩の上に示し、後方に傾ける。時間の「前」を表す。
「研修」は、両手の握り拳を、手首のところで交差させ、同時に少し上下に動かす。

ポイント

　入社前の研修には、交通費が支給されます。領収書に印鑑が必要です。「認め」を持って行きましょう。

　額の大きくない領収書や物や書類を受け取ったときなどに使う印鑑を「認め」と言います。認め印の略です。お店で売っているものでかまいません。本体内部にインクが入っていて、スタンプ台のいらない印鑑は、認めないときもありますので注意しましょう。印面がゴムで出来ていることや、朱肉ではなくインクを使用しているからです。

　出勤簿や休暇願など、会社の正式な書類に使う印鑑は、手彫りの物をお店で注文して用意しましょう。

　給与振込の口座に使う銀行印も別に用意しましょう。

「印鑑」

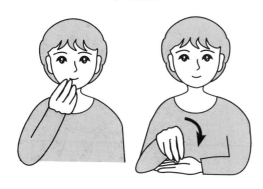

「印鑑」は、指をすぼめた手の指先を、口のところに持っていって息を吹きかけ、その手を下向きにしてさげて、指先を他の手のひらにあてる。印鑑についている朱肉を息で暖めて印を押すしぐさ。

キーワード

出勤簿──
　従業員の労働時間を把握するための帳簿。労働基準法により、雇用主に作成が義務づけられている。出勤・退勤時刻、欠勤・早退・遅刻等の事項、残業時間などを記入する。帳簿に印を押したり、タイムレコーダーでタイムカードに記録する。今はIDカードを使ってコンピューターで管理する方式も普及している。

休暇願（休暇届）──
　年次休暇をとるときに出す書類。会社によって決まった書式があるので、それを利用する。休暇の期間や理由などを記入する。

第5節　合理的配慮

　2014年1月、障害者の権利条約を批准しました。この批准に合わせて国内法の整備も進みました。障害者基本法の改正（2011年8月施行）、障害者雇用促進法の改正（2016年4月施行）、障害者差別解消法（2016年4月施行）により、雇用の場でも「合理的配慮」が求められています。

　障害者権利条約で合理的配慮は次のように規定されています。

　第二条　定義（中略）

「合理的配慮」とは、障害者が他の者と平等にすべての人権及び基本的自由を享有し、又は行使することを確保するための必要かつ適当な変更及び調整であって、特定の場合において必要とされるものであり、かつ、均衡を失した又は過度の負担を課さないものをいう。

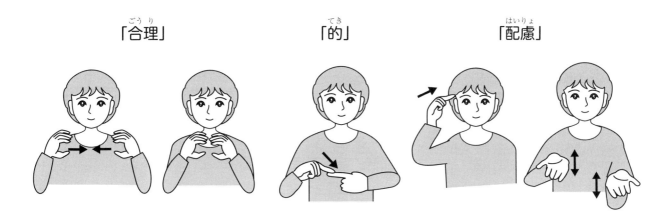

「合理」は、指文字「C」の両手の指先を、親指を下にして左右に離しておき、中央で合わせる。両手の人差指の先を合わせて「的」。「配慮」は、人差指でこめかみを差して、指先を前、手のひらを上に向けた両手を交互に上下に動かす。手のひらは少し内側に傾ける。

障害者は、会社に対して、採用や雇用の場面で障害となっていることや改善のために希望を申し出ることができます。

採用試験ならばある程度イメージできますから、希望を言うことができます。働く場面でどんな支援が必要かについては、実際にその会社に入って働いてみないとなかなかわかりません。合理的配慮の要求は、「こうしてほしい」ではなくて、「こういう障害があるから、何とかしてほしい」でもよいことになっています。確かに職場のことをよく知らない新入社員より、職場のことをよく知っている社員の方が具体的な解決策を見つけやすいです。

厚生労働省が改正障害者雇用促進法に基づき策定した「合理的配慮指針」には、聴覚・言語障害者に対して、次のような配慮を求めています。

【募集及び採用時】
・面接時に、就労支援機関の職員等の同席を認めること。
・面接を筆談等により行うこと。

【採用後】
- 業務指導や相談に関し、担当者を定めること。
- 業務指示・連絡に際して、筆談やメール等を利用すること。
- 出退勤時刻・休暇・休憩に関し、通院・体調に配慮すること。
- 危険箇所や危険の発生等を視覚で確認できるようにすること。
- 本人のプライバシーに配慮した上で、他の労働者に対し、障害の内容や必要な配慮等を説明すること。

「プライバシー」

人差指を立てて唇の端から他の側に動かす。

個人の秘密であることの表現。

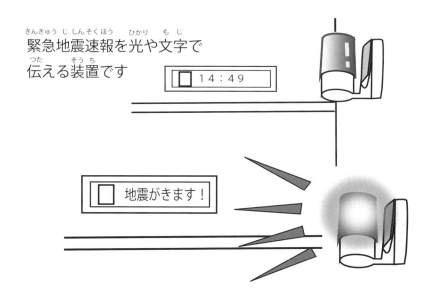

緊急地震速報を光や文字で伝える装置です

第2章
だいにしょう

働く生活
はたら　せいかつ

「生活(せいかつ)」の手話(しゅわ)

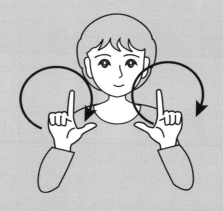

親指(おやゆび)と人差指(ひとさしゆび)を伸(の)ばした両手(りょうて)を、体(からだ)の脇(わき)に並(なら)べておき、体(からだ)の前(まえ)で大(おお)きく円(えん)を描(えが)く。太陽(たいよう)が昇(のぼ)ったり沈(しず)んだりを繰(く)り返(かえ)すようすを表(あらわ)す。

第1節 学生と社会人の違い

生徒や学生は、知識の習得や人格の向上のために学んでいます。社会人は仕事の遂行が目的になります。

学校で学ぶときは授業料を払いますが、会社で働けば給料がもらえます。

生徒や学生は同質、同年代の集まりで、人数が多いから気の合わない人を避けることもできます。マイペースで勉強できます。会社は年齢や経験のまちまちな異質の人々の集まりで、チームで仕事をしますから、気が合わなくても一緒に仕事をするチームワークが不可欠です。

学校は、時間割があってそれに沿って行動します。授業時間は短く、休憩が多く、比較的自由度があります。会社は就業時間が長く、休憩時間は少なくて短いです。

学校は、春、夏、冬に長期休暇があります。会社は長期休暇はありません。年次有給休暇も初年度は10日くらいです。

学校には試験があります。結果は、通知表で保護者に知らされます。会社には試験はありませんが、「考課」があります。会社員の勤務成績を調査して優劣を決めることを考課と言います。考課は給与や昇格に影響します。会社によっては、考課の試験をするところもあります。

会社は、仕事ができる人が評価されます。自分の業務を早めに確立して会社に居場所を確保しましょう。

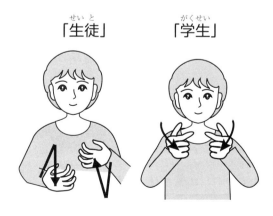

「生徒」　「学生」

「生徒」は、指先を少し折り曲げた両手の指先を、上下にずらして胸におき、下の手は上、上の手は下へ動かす。「学生」は、「首の横に親指と人差指で学生服の詰め襟を示し、前へ下げる。中学校・高等学校（専攻科を含む）は「生徒」、大学が「学生」。

「会社員」(「会社」＋「員」)

「会社」は既出(P.15)。「員」は、指をすぼめた手の指先を、腕と反対側の胸にあて、胸に付ける委員のバッジを表す。委員から「員」に使う。

「給与」

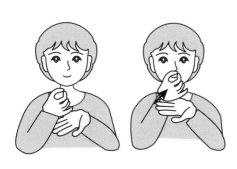

手のひらの上に、他の手を「お金」の形にしておき、おしいただくように同時に手前に引く。

ポイント

給与には額面と手取りがあります。会社が払う給与の全体が額面です。基本給と諸手当の合計が額面になります。実際にもらえるお金は、額面から下記のようなものを差し引いた残りで、「手取り」と言います。

・所得税、住民税など
・厚生年金、健康保険、雇用保険など

友だちと給与の比較をするときは、額面で言っているのか、手取りで言っているのか、よく確認しましょう。額面で言われて、その会社の方が給与が高いと思って転職したら手取りが減ってしまったなどということのないようにしましょう。

第2節 聴覚障害者が働くときに

① 聴覚障害は目に見えない障害

耳が聞こえないことは、目に見えません。聴覚障害者でも補聴器をつけていない人は多いし、また、つけていてもほとんど目立ちません。耳掛型の補聴器は注意して見ないと気づきませんし、髪で隠すこともできます。耳穴式の補聴器では、よほど注意して見ないとわかりません。聴覚障害は、聞こえる人の立場からは、サポートのイメージがつかみにくい障害です。

「耳が聞こえないことは、目で見てもわかりません」（聞こえない人の発言）

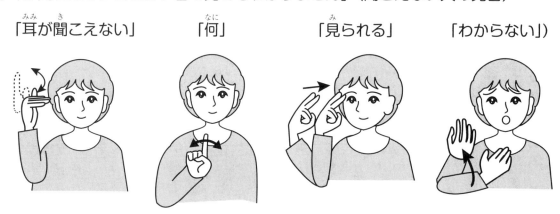

「耳が聞こえない」　「何」　「見られる」　「わからない」）

耳の側で手を振って「耳が聞こえない」ようすを表す。「こと」は、「耳が聞こえないことは何かというと」という意味で「何」の手話を使う。人差指と中指を自分に向けて「見られている」ようす。手のひらを胸におき、はじき上げて「わからない」。これは、耳が聞こえない人自身が説明している場合。

聞こえない人を対象として見て説明する場合は、「見る(b)」の手話を使う。

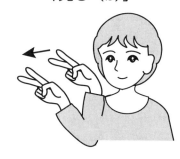

「見る (b)」

目が合っている状態で名前を呼べば、聴覚障害者は読話して自分が呼ばれていることがわかります。次に聴者が背後から呼びかけても答えないので、「無視された」と聴

覚障害者のことを誤解してしまうこともあります。

聴覚障害者の両親は、多くの場合聴者です。聴者の両親が手話を覚えないと、聴覚障害者は家族とのコミュニケーションも円滑にできない場合もあります。

聴覚障害者で両親も聴覚障害者なのは、10％くらいです。

採用や入社までは聞こえないことに対する配慮があっても、働き始めた職場では、そこまでの配慮がなされないこともあります。聴覚障害者は、周囲の状況がよく理解できないために、出来事に即座に反応できなくて、自分を抑えてしまうことがあり、職務能力が実際より低く評価されることになります。

「10」　「％」

数詞の「10」を示した後、「％」を空書する。

「反応」

人差指の先を他の手のひらにつけ、はね返す。

「抑える・我慢する」

親指を立て、他の手のひらで押さえて、両手を同時に下へおろす。

② **職場でのコミュニケーション**

聴覚障害者が職場で働くときに一番の問題になるのは、コミュニケーションです。

「コミュニケーション」

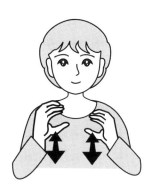

両手を「C」の形にして向かい合わせ、交互に前後に動かす。
CommunicationのCでコミュニケーション・パイプを表す。

口話が得意な聴覚障害者でも、仕事上のミスは許されないので、大事な伝達は紙に書くか、メールで伝えるようにしましょう。

一対一なら、口話や筆談でやりとりできる聴覚障害者でも、会議が苦手です。誰が発言しているかわからない、同時に複数の人が発言するとどちらを見たらよいかわかりません。

会議では、聴覚障害者が全員の顔が見られる席になるようにしましょう。

挙手して司会の許可を得てから発言する、他の人が発言しているときは発言しないなど、会議のルールをきちんと守ることは、聴覚障害者以外の人にも会議をわかりやすくします。議題の項目をあらかじめプリントして配布しておくだけでも、会議がスムーズに進みます。

会議のときはみんなを見渡せる場所を工夫しましょう

机を並べ変える方法もあります

会議室

"会議・相談"　　"部屋・室"

「会議・相談」は、親指を立てた両手の握り拳を胸の前で何回か打ち付ける。「部屋・室」は、指先を前、手のひらを横にした両手を間隔をおいて左右におき、前後におく。部屋の4つの仕切りを表す。

"司会"

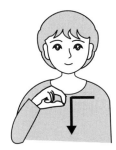

親指と人差指の先をつけ、指先を前に向けて示し、自分から見て"┐"の形を描く。漢字「司」の第1画目を空書する。

隣の席の人が要点をメモしてくれれば、聴覚障害者にも会議の進行の内容がわかりますが、メモには時間がかかるため、メモを読んでその件について発言しようと思っても、次の議題に移っていることも多いです。

聴覚障害者が会議に参加できるようにするには、手話通訳やパソコン文字通訳を付けるなどの方法があります。

会議では議事録をとります。議事録を確認して会議の内容を把握しましょう。

【パソコン文字通訳】

パソコン文字通訳では、話し言葉を聞き取り、パソコンに打ち込み、それを聴覚障害者がパソコンの画面で読みます。話し言葉だけでなく、館内放送が突然入ったり、救急車のサイレンが聞こえたりしたときの周辺の音声情報も伝えます。プロジェクターを通しスクリーンに映し出せば、聴覚障害者以外の参加者も、会議の内容を文字で確認できます。

③ **筆談**

聞こえる人は、耳から言葉を覚えて、それに文字をあてています。もちろん文字から学ぶ言葉も多いのですが、文字から学んだ言葉をまた耳で聞いてしっかりと身につけるということもあります。

「じんじゃ」という音声が入っていれば、「神社」を「じんじゃ」と読むのだということはすぐにわかります。しかし、聞こえる人でも「じんじゃ」を耳で覚える前に漢字「神社」を見て「しんしゃ」と覚え込んでしまうと、国語の授業で「じんじゃ」という正しい読みを知っても、なかなか「しんしゃ」が抜けません。

聞こえない人は、目で見て言葉を覚えます。「病」の漢字を「へい」と読む例は少ないので、「疾病」を「しっぺい」と読むのは、耳で覚えていないとなかなか定着しません。

筆談は文字に書いて示すので、聞こえなくてもわかります。しかし、会話なら相手の反応で理解してないとわかる場合でも、筆談では微妙にずれた解釈をされる場合があります。

「出社」は「出勤」することですが、文字だけを見れば「会社に出る」と理解することも、「会社を出る」と理解することも可能です。目で見て言葉を覚える場合は「会社を出る」と理解してもおかしくありません。日本語を習い始めたばかりの外国の方も同じような理解をするでしょう。

【筆談の注意事項】

・できるだけ短い文で書く。「…が」など、接続詞を使って続けるような文は書かない。

・箇条書きにする。

・否定文で聞くことは避ける。例えば「休みにしませんか」ではなく、「休みますか」と聞く。

・曖昧な表現、察してもらうような表現はしない。「お茶にしますか」ではなく、「休みますか」と言う。

・書きながら見てもらうときは、右利きで書く場合は左側から、左利きで書く場合は右側から見てもらうと見やすい。

・二重否定、部分否定は使わない。

「私は映画をまったく見ない訳ではない」のような文は、避けましょう。この文をそのま

ま手話の単語に置き換えてしまうと、通じません。手話では意味をとって、「映画」「見る」「少し」と表します。

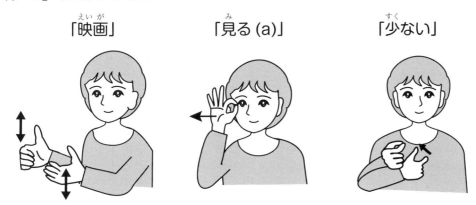

「映画」は、両手の指先を向かい合わせ、交互に上下させる。画面の動きを表す。「見る」は、親指と人差指で輪を作って目の前におき、少し前へ出す。「少ない」は、人差指の先を親指ではじく。

👆 ポイント

「明後日」という言い方はわかりにくいです。今日が10日なら12日と日付で書いた方がわかりやすいです。筆談だけでなく、手話で表す場合も同じです。

第3節 服装と身だしなみ

「服装」

両手の親指を立てて顔の両脇におき、背広の襟に沿うように下へさげる。服を着るしぐさ。

「身だしなみ」

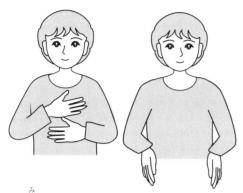

両手を上下に重ねて胸におき、指先を下に向けて両脇腹を押さえる。服装を整えるようす。

① 身だしなみ

身だしなみとは、相手に不快感を与えない服装や頭髪、化粧などを言います。

・髪は、寝癖やふけがないようにする。
・指先を清潔にする。
・シャツは裾をズボンに入れる。
・ボタンの掛け違いやファスナーに閉め忘れがないようにする。
・ポケットの中にいろいろな物を入れてふくらませない。
・仕事の前日は、においのきつい物は食べない。
・髪、腋、足を清潔にしておき、夏場は汗をこまめに拭く。制汗スプレーを使うのもよい。

② 通勤のときの服装

通勤時の服装は、会社員としてふさわしいものにしましょう。家を出たときから仕事だと思ってください。通勤の交通費も支給されますし、通勤中の災害は労災の対象になります。（派遣社員の場合は、交通費は時給に含まれることが多いようです）

・会社で制服に着替えるからといって、遊び着で通勤しな

い。会社の帰りにラフな服に着替える必要があるときは、着ていかないで持って行く。
- スーツは、紺とダークグレーを1着ずつ用意しましょう。柄は、無地か縞。素材はウールで、シングルの2つボタンか3つボタンを選ぶ。
- シャツやブラウスは、色は白か水色などの明るい色が基本。それぞれ無地と縞柄を用意する。5着あれば1週間使える。
- ネクタイも1週間分の5本あるとよい。派手な柄は避けて、縞や水玉、小さな柄の物を選ぶ。
- Yシャツやストッキングは、会社のロッカーに予備を用意しておくとよい。

③ 会社の中での服装

　事務の場合は、通勤時の服装のままで仕事をすることが多いです。作業的な仕事や工場などの場合は、制服や作業着に着替えます。

　汗をかいたときや、汚したときのために、シャツは着替えを会社のロッカーに用意しておくとよい。

　会社が「ドレスコード（服装のルール）」を決めているときは、それを守りましょう。

「ドレスコードを守りましょう」

「ドレスコード」（「服装」＋「ルール」）

「服装」既出（P.61）

「ルール」は、指文字「ル」を上下に並べる。

「守りましょう」(「守る」＋「行く(b)」)

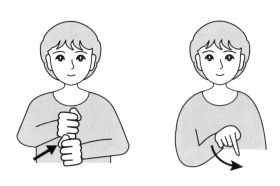

「守る」は、立てた握り拳を上下に重ね、手前に引いて胸に当てる。「〜ましょう」は、下を向けた人差指を前に出す「行く(b)」の手話を使う。

第4節 勤務

① 就業規則

会社には就業規則があり、労働者の賃金や労働時間などの労働条件に関すること、職場内の規律、そのほか労働者が守るべきことを定めています。

「就業規則」

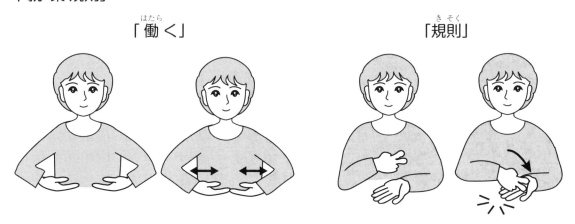

「規則」は、人差指と中指の先を曲げた手を他の手のひらに打ちつける。「働く」は、「仕事」と同じ手話。

就業規則は労働基準法で作成が義務づけられています。法律用語が多く、難しい文なので、先輩や人事の担当者によく聞きましょう。就業規則を守れば、仕事がスムーズに進みます。

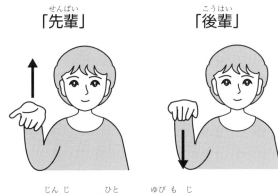

「先輩」は、手のひらを上に向けた手を上にあげる。

「後輩」は、手のひらを下に向けた手を下にさげる。

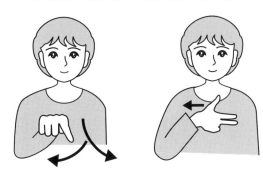

「人」は、空書する。「人」を表すのにも使う。
「事」は、指文字を使う。

② 出勤

　9時が始業時間なら8時45分には出勤しましょう。ロッカーにカバンや私物を入れ、着替えとトイレを済ませ、机の上を整理して、9時には仕事が始められるようにします。
　学校は、安全確保で「雪が降ったら安全第一で、遅れても遅刻にしません」という指導があります。社会人は、前日の就寝前に天気予報をしっかり確認して、雪や台風で電車やバスが遅れそうなときは、いつもより早めに家を出るように心がけましょう。突発的な事故で電車が遅れた場合は、遅延証明書をもらって会社に提出しましょう。

ポイント　日時や時刻の表し方

| 「8時45分」 | 8 | 時 | 40 | 5 | 分 |

「8時45」まで表せば、次に来るのは「分」だとわかるから、「分」は省略されることが多い。「9時が仕事開始だから9時15分前に来なさい」を手話で表すときは、「9時15分前」でなく「8時45分」と表すようにする。話し言葉でも、「9時15分前」は、「9時の15分前」か「9時15分の前」か区別しにくい。

キーワード

遅延証明書 ──
　鉄道会社が、列車が遅れたことを証明するために発行する書類。勤務先に提出することで、遅刻の理由を説明できる。ウェブサイトでの遅延証明書発行サービスもある。

③ 出勤途中の緊急連絡

　出勤途中に急に気分が悪くなったり、交通機関の事故で始業時間に間に合わないときは、会社に連絡をしましょう。始業時間になっても出社していないと会社の人はとても心配します。

　聴覚障害者の場合は、携帯電話やスマートフォンのメールで会社に連絡することになります。

「メールで連絡する」(「メール」+「連絡」)

「メール」は、指文字「メ」を体の前で前後させる。

「連絡」は、参照(P.70)。

誰に連絡するか、あらかじめ決めておきましょう。出張や休暇でいないときもありますから複数の人を決めておきます。また、メールでなくLINEなどのSNSを使うときも、あらかじめ会社の確認を取りましょう。

連絡は、遅刻の理由と、今いる場所、後どれくらいで会社に着くかをできるだけ簡潔に伝えましょう。最後に「よろしくお願いします」と入れます。

「LINE」

「LINE」は、両手の指文字「L」を交互に前後させる。

すみません。電車が止まっています。定時に間に合わないかも知れません。

了解しました。

またご連絡いたします。

④ 朝礼

仕事を始める前に朝礼があります。管理職が挨拶して必要事項を伝達します。話がうまく読み取れない場合は、そのことを上司に伝えて、メモをとってもらうようにしましょう。

「朝礼で話す」

「朝」　　　　　　　「礼」　　　　　　　「話す」

「朝」は、握り拳をこめかみにあて、下にさげる（同時に頭を起こす）。朝、起きるときに枕をはずすようす。「礼」は、並んだ人々が礼をして挨拶するようす。「式(a)」と同じ。「話す」は、握った手を口の前におき、前に出しながら手を開く。「朝礼で話す」場合は「説明」（P.15）の手話を使ってもよい。

会社によっては、全員が持ち回りで朝礼で一言述べる場合もあります。当番のときは積極的に発言するようにしましょう。発音に自信がないときは、テーマを大きく書いて、同僚に持って掲示してもらったり、ホワイトボードに貼ったりしましょう。テーマがわかるだけで、話の内容を聞き取りやすくなります。

「テーマ」

手のひらを示して、他の手の親指と人差指を開いて水平にしてつけ、下におろす。テーマが垂れ幕に書かれているようすを表す。

⑤ OJT

OJTとは、On-the-Job Trainingの略語で、新入社員が、職場の上司や先輩から具体的な仕事を通して、仕事に必要な知識・技術・技能・態度などを教えてもらうことを言います。

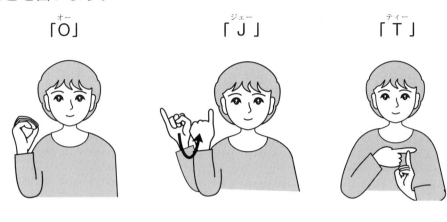

「OJT」は指文字で表す。「J」は人差指を使うこともある。

通常は一対一の訓練になります。上司や先輩は、自分の仕事をしながら指導をしてくれます。学校で先生から教えてもらうのとは違います。上司や先輩も仕事中だということをよく考えて感謝の気持ちを表すようにしましょう。

その日1日の仕事内容を日報にまとめて担当者に報告します。

「日報」(「1日」＋「報告する」)

「1日」は、人差指を立てた手を腕と反対側の肩にあて、前方に弧を描くように、もう一方の肩にあてる。

「報告する」は、次項参照。

職場を離れての訓練は、Off-JT（Off the Job Training）と言います。

⑥ ほうれんそう（報告・連絡・相談）

　職場で大切な「報告」「連絡」「相談」のそれぞれの最初の2文字をとって「ほうれんそう」といいます。ほうれん草に人間の体に大切な栄養がたくさん含まれているように、「ほうれんそう」は職場の大切な潤滑剤です。

「報告する」　「報告を受ける」

親指と人差指を伸ばした両手を胸の前でそろえておき、前へ出せば「報告する」、手前においた両手を胸の方へ引きつければ「報告を受ける」。

「連絡する」　「連絡」　「連絡を受ける」

両手の親指と人差指で輪を作って絡ませ、その手を前へ出せば「連絡する」、前後させれば「連絡しあっている」、手前に引きつければ「連絡を受ける」。

「相談」

親指を立てて両手の握り拳を胸の前で打ち合わせる。「会議」（P.59）と同じ。「ミーティング」「打ち合わせ」もこの手話で表す。

「ほうれんそう」の基本

- 結論から先に、要領よく、簡潔に。
- 中間報告を忘れずに。
- ミスをした、スケジュールよりも遅れたなどの情報は隠さず、真っ先に。
- 「細かいことはまかせるよ」といわれても報告する。判断に迷うときは相談する。

「ほうれんそう」のタブー（してはいけないこと）

- 直属上司を越えた報告・連絡・相談はタブー。（係長の指示でしている仕事について係長の許可なく課長や部長に相談してはいけない。）

⑦ 指示の受け方

仕事は上司の指示で始まり、仕事が完了したことを上司に報告して終わります。指示の受け方をしっかり身につけましょう。

聞こえる人は、上司に呼ばれたらすぐに「はい」と返事をし、メモを持って上司の席に行きます。聞こえない人は、メールやメモで指示される場合もあります。メールならすぐに返信し、メモなら上司の席へ行って、指示を受けたことを伝え、メモの内容を確認し、わからないことがあったら必ず聞きましょう。

指示がいくつか重なったときは、どの仕事を先にしたらよいか優先順位を上司に確認しましょう。直属でない上司から指示を受けたら、直ちに直属上司に相談して、判断してもらいましょう。

「上司」(「上」+「司」)

「上」は、親指と人差指を伸ばし手を漢字の「上」にみたてて上にあげる。「司」は、漢字の旁を表す。「司会」と同じ手話。

「指示する」

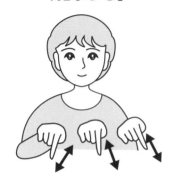

指先を前に向けた人差指を、位置を変えて2〜3回前後に動かす。指先は少し下を向く。

「指示を受ける」

指先を頭に向けた人差指を、2〜3回前後に動かす。「教わる」と同じ形。

☞ ポイント

上司から「やれる範囲でいいよ」と指示を受けたときには、言葉通りに理解してはいけません。話し言葉は「察しの文化」です。話し手は本当の気持ちをストレートに言うことは少なく、「本当の気持ちを察してくれ」という言い方をします。上司は本当は「全部やってほしい」と思っていても、「やれる範囲でいいよ」という指示を出したのかもしれません。普通は「やれる範囲でいいよ」と言われても「全部、終わらせなければ」と思います。全体の仕事の進み具合などをよく見て判断しましょう。

「やれる範囲でいいよ」（「できる」「範囲」「かまわない」）

「できる」は既出（P.37）。「範囲」は、両手で間隔を示す。「かまわない」は、小指の先であごをつつく。

「全部やってほしい」（「全部」「〜やる」「好き・ほしい」）

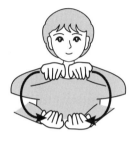  

「全部」は両手で大きく円を描き、最後に両手の小指を合わせる。「〜やる」は、両手の握り拳を並べ、同時に前へ出す。「好き・ほしい」は、親指と人差指を開いてあごの下におき、閉じながら前へ出す。

キーワード

察しの文化 ──

日本語では、はっきり言わないで、相手に理解してもらおうとする（飲み物がほしいときでも「のどが渇いた」としか言わない）。日本手話では、全部を言葉にして表す（「のどが渇いたから飲み物がほしい」と言う）。

「わからないことがあったら遠慮なく言ってください」

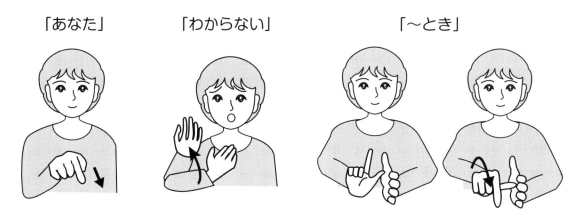

手話では、今誰のことを話題にしているかを明示するために指差しをよく使う。今、相手のことを話題にしているのなら、相手を指さす。自分のことを話題にしている自分を指さす。いずれも、文の最初か最後に指差しをする。「あったら」は「～とき」で表す。

「遠慮なく」は「遠慮」「必要ない」で表す。「言って」は、自分が言うのではなく相手が言うのだから「言われる」の手話を使う。

⑧ 外出と残業

勤務中に仕事で外出するときは、行く先を周りの人に、はっきりと知らせましょう。職場に残る人は、外出する人に対してお疲れ様という気持ちで接しましょう。

「行って参ります」(「行く(a)」)

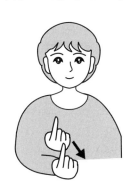

「行って参ります」を「行って来る」の意味で「行く」と「来る」の手話で表すと「往復」の意味になる。「行って参ります」は「行く」の手話をていねいに表す。

「行ってらっしゃい」(「さよなら」)

「行ってらっしゃい」に「行く(b)」(P.64)の手話を使うと強く指示している意味になるので、軽く手を振ればよい。「さよなら」の手話。

「ただいま帰りました」(「帰る(外から)」)

「帰る」の手話は2つある。図の手話は「帰る(外から)」で、「外からここに帰ってきた」ときに使う。参照「帰る(外へ)」(P.77)。挨拶するときに自分が目の前にいるのだから「ただいま」は特に表さない。

「お帰りなさい」(「ご苦労様」「お疲れ様」)

言葉通りに「帰る」の手話を使うと変になるので、「ご苦労様」「お疲れ様」で表す。(参照 P.78)。

残業はできるだけしないように仕事の段取りを工夫します。仕事が忙しいときは、定時（決められた退勤時間）には帰らず、上司に相談して、上司の指示があれば残業します。

　みんなが残業しているときは、手伝える仕事があるかどうか積極的に聞きます。自分だけいつも残業しないというのでは、職場のチームワークが乱れます。特別な用事があるときをのぞいて、残業が必要なときは残業しましょう。

「残業」（「仕事」＋「遅れる・過ぎる・オーバー」）

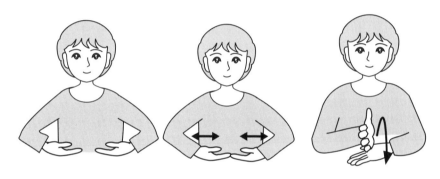

　「仕事」は既出（P.2）「遅れる・オーバー」はP.35「遅刻」を参照。「残業」は「仕事」と「遅れる・オーバー」の組み合わせで表す。仕事が定時を超えているというイメージ。「遅れる・過ぎる・オーバー」の手話だけで残業を表すこともある。「残業」は、「残る」と「仕事」ではないので注意。

キーワード

残業 ──
　決められた労働時間を超えて働くこと。1週間に40時間、1日8時間が「法定労働時間」で、この時間を超えて働いた場合が法律上の「残業」。割増しとなる残業手当が支給される。労働契約書や就業規則に定めてある通常の労働時間が「所定労働時間」で、この時間を超えて働く場合も残業。通常は、この場合も、残業手当が支給される。

⑨ 退勤

終業時刻後に、きりのよいところで仕事を終わらせます。仕事が途中の場合は、上司に報告して相談しましょう。上司の指示があれば残業になります。明日の予定を確認し、机の上をきれいに片付けて、「お先に失礼します」と挨拶して帰ります。

大切なものは、机の引き出しに入れ、鍵をかけましょう。

パソコンは必ず終了を確認してから帰ります。パソコンを起動したまま帰ると、そのパソコンを使って会社の重要な情報を盗まれてしまうかもしれません。

「お先に失礼します」（「先に」＋「帰る（外へ）」）

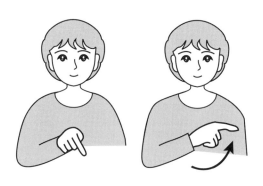 

「お先に」は、人差指を前に向け、腕と反対側の胸に当てる。「帰る」の手話は、「帰る（外へ）」の手話を使う。

誰かが先に帰るときは、「お疲れ様でした」と挨拶します。

「お疲れ様」

手首を他の手の握り拳でたたく。肩をたたいて「ご苦労様」というのを手首をたたいて表す。「お疲れ様」も「ご苦労様」もこの手話で表し区別しない。

 ポイント

話し言葉では、「ご苦労様」は目上から目下、「お疲れ様」は目下から目上に使います。「ご苦労様」も「お疲れ様」も同じ手話で、この手話の語源は「ご苦労様」なので、「お疲れ様」と言うべきときに、つい「ご苦労様」と言ってしまいます。「お疲れ様」という習慣をつけておきましょう。

「具合が悪いので、早退させてください」

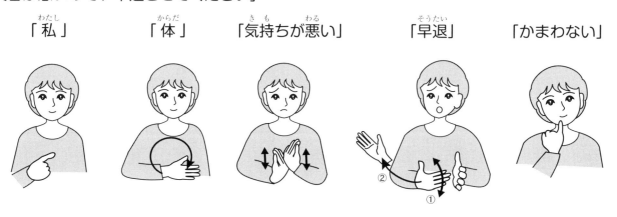

「私」　「体」　「気持ちが悪い」　「早退」　「かまわない」

話し言葉では、普通は「わたし」はつけないが、手話では誰のことを話題にしているかをはっきりさせるために「わたし」の手話を最初に入れる。「具合が悪い」は「体」「気持ちが悪い」で表す。「気持ちが悪い」の手話は、「そぐわない」「反りが合わない」などの意味でも使う。「かまわない」は、既出（P.73）。ここでは、首を少し傾け、疑問の表情をつける。

会社から仕事先（出先）を訪問して、会社に戻らないでそのまま帰ることを「直帰」といいます。直帰するときは、会社を出るときに上司や同僚に直帰することを伝えましょう。次に出勤したときに、出先での仕事内容を報告します。

「直帰」（「訪問」＋「帰る（外へ）」）

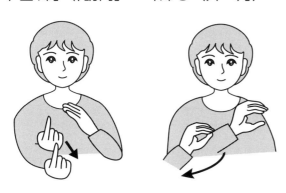

出先を訪問して、家に帰るので、「訪問」（P.15）と「帰る（外へ）」の手話で表す。

⑩ 休憩時間の使い方

学校では、昼休みにいっぱい遊んで、午後の授業の最初はぐったりという生徒を見かけます。会社では、朝の始業のときと同じように、午後の始業のときも5分前には仕事ができるようにしましょう。

昼食は、できるだけみんなと一緒にとるようにして、コミュニケーションを図りましょう。一人で食べたいときは、周囲の人の理解を得るようにしましょう。

ポイント

耳が聞こえないと、食事のときに音をたてていることに気がつかないで、周囲の人を不愉快にすることがあります。食器をおく音や椅子を引く音にも注意しましょう。

「休憩時間」

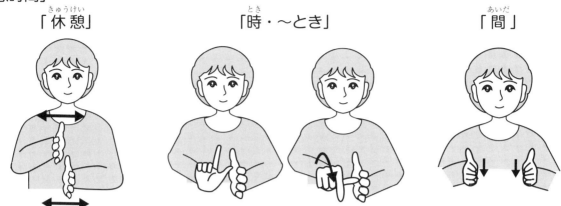

「休憩」は、指先を前に向けた両手を左右に少しずらして上下におき、左右に交互に振る。「時・〜とき」は既出（P.36）。「間」は、指先を前に向けた両手を両脇におき、間隔の空いていることを示す（P.73「範囲」と同じ）。

休憩時間中に、トイレに行ったり、水分の補給をしたりしましょう。休憩時間中に仕事仲間がどこにいるかも知っておきましょう。また、どこで休憩したらよいか、よくわからないときは、先輩や同僚に相談しましょう。

⑪ 席の外し方

仕事中に席を外すときは、机に「すぐ戻ります」とか「会議中（15:00まで）」とかメモをおいて行きます。長時間、席を外すときは、周囲の人に理由といつ戻るかを伝えておきましょう。トイレに行くときは「すぐ戻ります」で、わざわざトイレという必要はありません。

仕事のトラブルがあったからといって、トイレに長時間閉じこもると、みんなに心配をかけます。

「トイレ（ＷＣ）」　　「トイレ（お手洗い）」

トイレは、ＷＣの形を作る手話と、手を洗うようすで「お手洗い」を表す手話がある。

ポイント

トイレの音に気をつけましょう。聴覚障害者の場合、自分の出している音が聞こえないので、意識して注意する必要があります。水を流す音で、自分の出している音を消すことも覚えましょう。最近は流水音を出すことのできるトイレが増えているので、それを使うようにしましょう。

⑫ 暗黙のルール

仕事のルールは、基本的なことは就業規則に明示され、具体的なことは上司から指示されます。

しかし、職場には、誰もが知っているけど、特に説明されない「暗黙のルール」があります。休憩時間の使い方などは、直接仕事にはかかわらないので、特に教えられることはありませんが、みんなが守っているルールがあります。

ある職場では、女子社員がお菓子を持って来たときには、そのグループの女子社員全員にお菓子を配ることという暗黙のルールがあります。

職場の仲間の家族に不幸があったときに香典をどうするかも暗黙のルールになっている場合があります。職場の共済会からの香典とは別に、同じ課の人たちからも香典を出すことになっていることがあります。例えば「実の両親の場合は5,000円、義理の両親の場合は出さない。配偶者や子どもの場合は10,000円」と決まっていて、参列する

親しい人が預かって持って行きます。

　こういうルールを知らないでいると、聴覚障害者の場合は情報が遅れてしまって「香典返し」が配られるときに気がつくなどということが起こります。香典を出すか出さないかは個人の意思なので、普段、聴覚障害者をサポートしている人でも、言いにくい問題です。

「黙認」

「黙認」は、目をふさぐ「見ない」と「認める」の合成。「暗黙のルール」は、「黙認」と「ルール」既出（P.63）で表す。

「香典」

「香典」は、拝むしぐさとお金を出すしぐさの組み合わせ。

⑬ 休暇の取り方

　会社は働いて収入を得るところです。休めば収入は減ります。

　有給休暇という制度があります。労働基準法では、働き始めてから6か月経過し、その期間の全労働日の8割以上出勤すると、10日間の有給休暇を与えることとされています。実際は、新入社員にも最初から有給休暇を与える会社が多いです。長く働き続ければ年に20日間の有給休暇がもらえます。有給休暇は年単位で与えられるの

で、正式には年次有給休暇といいます。会社の就業規則をよく読みましょう。

「有給休暇」(「お金をもらう」+「休む」)

「お金をもらう」は、お金の手を手前に引く。
「休む」は、既出(P.36)。

会社を休むときは、有給休暇をとりましょう。用事や旅行など、あらかじめわかっている場合は、上司に相談して、まわりの人に迷惑にならない日を選び、休暇届を出しましょう。

急に風邪をひいて熱が出たときなどは、仕事が始まる前に会社に連絡して、有給休暇で休みましょう。急病や急用などのために、有給休暇は使い切らないで、残しておきましょう。

「風邪(をひく)」

握り拳を口の前で前後させて咳をしているようすを表す。指文字「イ」の手で表すとインフルエンザになる。

「インフルエンザ」

「熱(がある)」

額に手をあてて、熱があるようす。

多くの会社では、有給休暇は、次の年に繰り越せるようになっています。繰り越しは20日分までとなっている会社が多いです。前の年の有給休暇の残りが20日あって、年に20日の有給休暇がもらえるなら、あわせて40日分の有給休暇となります。しかし、普段は40日を使い切ることはしないで、20日以内を使うようにしておけば、20日分が繰り越せるので、毎年40日分の有給休暇をもらえます。

自分が休んでいる間の仕事は誰かが代わりにやってくれます。その人にきちんと仕事を引き継いで「よろしくお願いします」と挨拶します。上司にも「よろしくお願いします」と挨拶します。

旅行などの場合は簡単な日程を知らせておきましょう。仕事を代わってくれる人に携帯のメールアドレスを知らせておくのもよいでしょう。

休み明けには「ありがとうございました」と感謝の気持ちを周囲に伝えましょう。

「よろしく」　「お願いします」

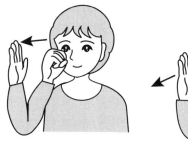 

握り拳を鼻の前におき、少し前に出して「よろしく」。指先を上、手のひらを横に向けた手を胸の前におき、前へ倒すように出して「お願いします」。

「ありがとうございました」（「ありがとう」）

指先を横に向けた手の甲に、指先を前、手のひらを横へ向けた他の手をのせて、上へあげる。この手話は「ありがとう」でも使う。「ありがとうございました」のときは、ゆっくりていねいに表す。

 ポイント

　学校では皆勤賞とか精勤賞とかがあります。学校を休まないのがよいという考え方です。会社では有給休暇をとることも必要です。働き過ぎて体を壊さないようにという趣旨でみんなが休みます。有給休暇を使うというのも会社で働いていく上での大事なマナーです。

【欠勤】

　仕事を休むことを欠勤といいます。有給休暇をとった場合は欠勤ではありません。朝になって急に具合が悪くなって休む場合も連絡をすれば有給休暇にしてもらえます。連絡もしないで休めば欠勤になります。欠勤すると、給与が減額されます。欠勤が続くと解雇の理由になります。

　有給休暇の残りがなくなってしまって、病気で休むときなどは、診断書を提出するなどして、会社の人事担当とよく相談しましょう。

【休日と休暇】

　会社がお休みで仕事をしなくてよい日が休日です。一般的には、土曜日、日曜日、祝日が休日ですが、デパートや美容室などのサービス業は土曜日、日曜日も仕事で、平日に交替で休みを取ります。

会社は仕事をしているのに、自分が休むのが休暇です。手話では、休日と休暇を区別していませんので、注意が必要です。

「休日・休暇」

指先を前、手のひらを下に向けた両手を両脇におき、真ん中で合わせる。

「週休2日」

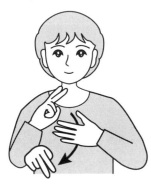

四指を横にして示すのはカレンダー。そこを他の手の人差指と中指で縦にはらうのは、2日間お休みの意味。

10年目と20年目には
1週間のリフレッシュ休暇があるんだ
今から計画を
たてておかなくちゃ
海外旅行
ガイドブック

週末はしっかり休んで
来週からの仕事に備えよう

気分転換に自然を
楽しみに行くのもいいね
疲れない範囲でね

第5節 挨拶と敬語

① 挨拶

ろう者の文化では、お互いの目が合ってから挨拶をします。聴覚障害者は目が合って初めてコミュニケーションができるのです。

「ろう者の挨拶」

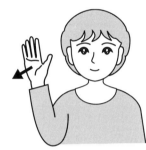

ろう者どうしでは目が合った瞬間に軽く手を上げて挨拶をします。

聞こえる人の文化では、相手がこちらを見ていなくても、聞こえますから「おはようございます」と挨拶します。挨拶をされれば振り返って「おはよう」と挨拶を返してくれます。上司・先輩・同僚などの顔が見えて、相手がこちらを見てくれるまで待とうと思っているときに、相手から声をかけられるのは、恥ずかしいことです。挨拶は先手必勝と思って、声をかけましょう。

会社では、「おはようございます」と声を出して語尾まではっきり言いましょう。

学校では、先生が生徒に先に挨拶することがあります。これは教育の場なので、挨拶の習慣をつけるために行っていることです。

会社（社会）では、目上の人から先に挨拶されることは恥ずかしいことです。先に挨拶をするように心がけましょう。

👉 ポイント

ろう者の挨拶では、お互いの顔を見てコミュニケーションしますから、頭を上げたままです。聞こえる人に対しては「おはようございます」と挨拶して、お辞儀をしましょう。

「おはようございます」(「朝」＋「挨拶」)

「朝」は、握り拳をこめかみにあて、下にさげる（同時に頭を起こす）。朝、起きるときに枕をはずすようす。「挨拶」は両手の人差指を向かい合わせて指先を折る、人差指を人に見たて、挨拶をしているようすを表す。

聞こえる人に挨拶するときや、会議などの改まった場所では「おはようございます」の手話を使います。「朝」と「挨拶」の手話の組み合わせです。

「こんにちは」(「昼・正午」＋「挨拶」)
「こんばんは」(「夜」＋「挨拶」)

「昼・正午」は、人差指と中指を額の中央にあてる。時計の針が正午を指しているようす。「夜」は、手のひらを前に向けて左右に開いた両手を目の前で重ねる。目の前がくらくなるようす。

同じ日に何度も出会う場合は、2度目からは会釈にします。会釈は、相手に軽く頭を下げる挨拶です。

「ご無沙汰しています（久しぶりです）」

背を向けて別れるようす、転じて久しぶりに会うときの挨拶に使う。

「また、会いましょう」（「また」＋「会う」）

「また」は、握り拳を示して体に前に動かしながら、人差指と中指を出す。「会う」は、両手の人差指を人にみたてて両脇に立てて真ん中であわせる。

「お大事に」（「体」＋「大切」）

手のひらで胸を丸くなでて「体」、握り拳を他の手のひらでなでて「大切にする」、合わせて「お大事に」。

② お辞儀

　職場では、お辞儀のしかたでその人の印象が大きく変わります。心を込めて頭を下げることで、相手はあなたを信頼し、あなたの希望も受け入れてもらいやすくなります。上手にお辞儀ができるようになりましょう。
　お辞儀には3つの種類があります。いずれも両足はそろえ、背筋を伸ばして、上半身を前に倒します。女性は手を前に、男性は体の側面に手をそろえるようにします。

「よろしくお願いします」と言いながらお辞儀をするのは、お辞儀の姿勢が崩れてよくありません。「よろしくお願いします」と言い終わってからお辞儀をすると、すっきりとした印象を与えます。

【会釈】

軽いお辞儀です。体を15度くらい前に倒し、相手の肩先を見ます。廊下ですれ違うときや、部屋への入退室のときにします。歩きながらの会釈はよくありません。立ち止まって会釈しましょう。

【礼】

一般的なお辞儀です。体を30度くらい前に倒し、相手の足下を見ます。日常の挨拶や、お客様の送り迎えのときにします。

【最敬礼】

最もていねいなお辞儀です。体を45度くらい前に倒し、1m先の床を見ます。お礼やお詫びをするときや、賞状をいただくときなどにします。

③ 敬語

敬語は「相手や周囲の人と、自らとの人間関係・社会関係についての気持ちの在り方を表現する」(『敬語の指針』)ものです。日本語の敬語の特徴は文法的に体系化されているということです。

手話には文法的に体系化された敬語はありません。手話では、表情や動作をゆっくり行う、手を添えるなどの表現のていねいさで敬意を表します。「来る」の手話に手を添えると「いらっしゃる」の手話になります。「待つ」の手話を会釈の動作で行うと「お待ちする」になります。手話では語彙としての敬語は少ないようです。

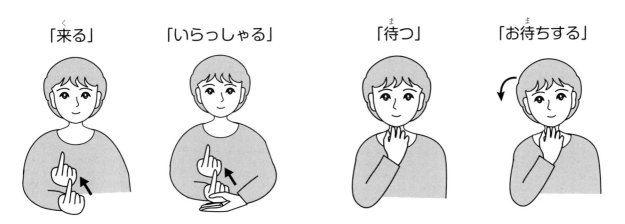

人差指を立てて手前に引くと「来る」。その手の他の手を添えると「いらっしゃる」。「待つ」は、四指の指先を自分に向けてあごに当てる。「待つ」の手話を会釈の動作で行うと「お待ちする」。

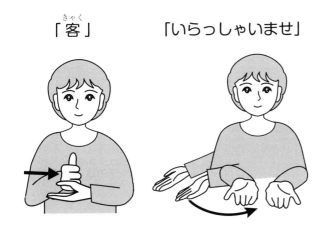

「客」は、親指を立てた手を、他の手のひらに載せ、手前に引く。「いらっしゃいませ」は、両手の手のひらを並べて前に出し、手前に引いて歓迎するようす。

　ビジネスでは、上司と部下、先輩・後輩などの年齢と経験の差、会社の中の人と外の人など、さまざまな立場の人と接します。敬語は、こうした立場の違いを示し、立場の上の人を立てる言葉のきまりです。敬語が適切に使えれば、気配りのできる人間として、信頼を得ることができます。

　会話だけでなく、メールなどでも敬語をきちんと使いましょう。使い慣れることで、場面に応じた適切な使い方を覚えましょう。

「敬語」

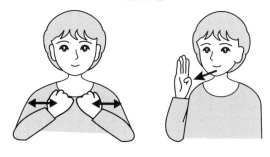

「敬語」は「マナー」と「語」の手話の組み合わせ。「語」は親指を折った手を口の前におき、前へ出す。「言語」の意味でも使う。

「尊敬語」（「尊敬」＋「語」）

「尊敬」は、指先を前に向けた手のひらの上に、他の手の親指を立ててのせ、そのまま上にあげる。

「謙譲語」（「遠慮」＋「語」）

「遠慮」は、指先を前に向けた両手を体の幅に並べておき、同時に手前に引く。

【まちがいやすい敬語の使い方】

・敬語の使いすぎ（二重敬語）

「社長様」←社長は役職名だが敬語になるので様はつけない。「先生様」も同じ。

「課長はおっしゃられましたが」←「おっしゃる」と「られる」の二重敬語。

・尊敬語と謙譲語の混同

「課長がそう申しましたが」←「申す」は謙譲語なので課長の行為に使うのはおかしい。
「課長はおっしゃいましたが」が正しい。

「課長はいつ参るのですか」←「参る」は謙譲語なので課長の行為に使うのはおかしい。
「課長はいついらっしゃるのですか」が正しい。

【敬語のウチとソト】

　自分の母親のことを家族以外の人に話すときは、「お母さん」とは言わないで「母」と言います。聴覚障害者の場合は、「はは」は発音しづらく通じにくいこともあるので、「お母さん」と言ってから「母」と言いなおすこともあります。

　同じ会社の人のことを、外の会社の人に言うときは、尊敬語は使いません。

× 「伊藤課長にお伝えいたします」（客に対して。伊藤は上司）
○ 「課長の伊藤に申し伝えます」

【目上の人に使うと失礼になる言葉遣い】

× ご苦労様です　→　○　お疲れ様でございます
× 了解しました　→　○　承知しました
× ○○殿　　　　→　○　○○様

　上司や社外の人に「大丈夫」と言うのは失礼です。

× 「今、お話ししても大丈夫ですか」
○ 「今、お話ししてもよろしいですか」

「今、お話ししてもよろしいですか」

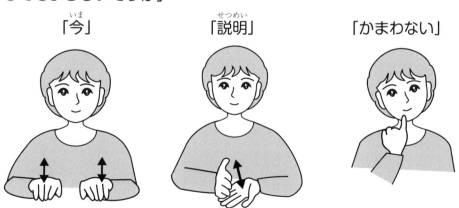

「今」　　　「説明」　　　「かまわない」

　「今」は、指先を前に向けた両手で、体の前を押さえる。「お話しする」は「説明（する）」の手話を使う。指先を前に向けた手のひらを、他の手の指先で2～3回たたく。「よろし

いですか」は「かまわない」の手話を使う（既出 P.73）。「か」は疑問の表情で表す。

第6節 他社を訪問する

会社を訪問すると、受付で訪問先の方に連絡をとってもらいます。その場で相手の方が来るのを待つか、応接室に案内されて待つことになります。

最近、小さな事務所などでは受付の係がいなくて、電話機（インターホン）がおいてあって、相手の方を呼び出すシステムになっているところが増えています。聴覚障害者が一人で訪問するときは、これではむずかしいので、あらかじめメール等で連絡をとって、入り方を決めておきましょう。

寒い季節でコートを着ているときは、訪問先のビルに入る前にコートを脱いで、裏返して持つのが基本です。帰るときも玄関を出てからコートを着ます。ただし、訪問先の方からコートを着るように勧められたときは、お礼を言って従いましょう。

カバンはソファの上におかないようにしましょう。コートは裏返してたたんでソファの上におきます。

お茶やコーヒーなどの飲み物を出されたときは、用談中に飲みきるようにしましょう。

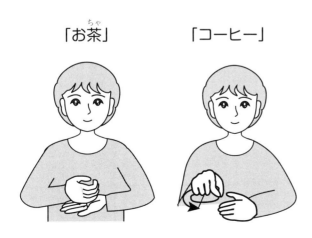

「お茶」は茶托にのった茶碗を表す。

「コーヒー」はスプーンでコーヒーをかき混ぜるしぐさ。

① **名刺の交換**

　名刺の手話は、胸のポケットから名刺をつまんで差し出すしぐさが使われていますが、実際のビジネスの場面では、胸ポケットから名刺を出したら、相手の方にぞんざいな印象を与えます。

　背広の内ポケットかカバンから名刺入れを出して、その中から1枚を抜き出します。ズボンの後ろポケットから名刺入れを出すのは失礼です。仕事の名刺は会社の支給品を使います。

「名刺」

【名刺の準備】

・訪問するときに、名刺入れを忘れないようにしましょう。背広の内ポケットかカバンに入れておきます。

・名刺入れには十分な数の名刺が入っていますか。訪問先が予想外の人数で対応してくれることがあります。名刺がたりなくならないように準備しましょう。

・名刺入れや入っている名刺はきれいになっていますか。

・間違えて渡さないように、名刺入れの中は自分の名刺だけにしておきましょう。

　万一、名刺を忘れたときは、「忘れました」とは言わないで、「あいにく名刺を切らしておりまして」と言いましょう。帰社したらすぐに郵便で名刺を送るか、いただいた名刺にあるメールアドレス宛てに、メールでお詫びをして名刺に書いてある事項を伝えましょう。

【渡し方のポイント】

・名刺は訪問した側が先に出します。

・文字が相手から読めるように自分の名刺入れの上に載せます。

・相手の正面に立って、両手で胸の高さで差し出し、「○○社の△△と申します。よろしくお願いします」と社名と名前を

言って渡します。

- 職位の高い人から順に渡します。課長、係長、主任がいたら、課長、係長、主任の順になります。職位がわからないときは、年輩の人から渡します。

【受け取り方のポイント】

- 名刺は利き手で受け取り、もう一方の手を添えます。余白のところを持ち、文字の部分には手を触れない、胸より下に降ろさないようにします。「頂戴いたします」と言って受け取ります。
- 氏名の読みがわからないときは、メールアドレスが書かれていれば、それで確認します。わからないときは、曖昧にしないで、「お名前は何とおっしゃいますか」と、はっきり聞きます。
- 話し合いが終わるまで名刺入れには入れないで、名刺入れの上に載せておきます。複数の人と対応するときは、相手の並んでいる順と同じに机の上に並べておくと、名前と顔が一致します。
- その場で、名刺にメモを書き込むことはしてはいけません。

【名刺の管理】

名刺はその後の仕事の大事なデータベースになります。

- 会社に戻った後で、名刺の裏に、受け取った日付、話し合いの内容、その他気づいたことを、鉛筆でメモしておきます。
- 名刺管理ソフトなどでデータベース化しておくのもよいでしょう。

② 手土産の渡し方

訪問のときに手土産を持参することがあります。お店で買ったときに品物を紙袋に入

れてくれますが、紙袋は持ち運ぶときの汚れよけです。そのままお渡しするのは失礼です。

紙袋から取り出し、相手に正面を向けて両手で持って「皆様に召しあがっていただきたく、心ばかりのものをお持ちいたしました」と言って差し出します。

紙袋は品物を取り出した直後にたたみますが、立って渡すときのように品物を置く場所がなければ、品物を渡した後にたたみます。たたんだ紙袋は持って帰ります。

「お土産」

「お土産」は、手のひらの上に、他の手のつまんだ手を少し浮かしておいて、同時に前に出す。お土産やプレゼントなどを渡すしぐさ。「お土産」の手話は、紙袋にいれたまま渡すようなしぐさになっているので、「お土産を渡す」を表すときは、「渡す」の手話をつけくわえる。

「渡す」

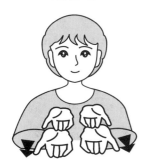

「貢献」（P.14）の手話。「与える」も同形。

③ 応接室や会議室での座り方

応接室や車内で誰がどこに座るかを「席次」といいます。目上の人や年長者は上席に座っていただきます。

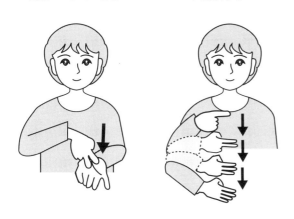

席次（「席・すわる」＋「順序」）

「席・すわる」　「順序」

「席・すわる」は、人差指と中指の先を折り曲げて、他の手のひらにおく。人差指と中指を足にみたててすわるようすから「席・すわる」を表す。「順序」は、数詞「一」、「二」、「三」、「四」を手を下にさげながら示す。

・入り口から遠い席が上席になります。
・二人掛けソファーと、一人掛けソファーがある場合は、二人掛けソファーが上席になります。
・お茶を出す順序も席次に従います。

　会議室の場合も、ドアから遠いところがお客様の席になります。お客様で職位が一番高い人が一番奥になります。課長、係長、主任がいらっしゃった場合は、その順で奥から座ってもらいます。社内の人も上司が一番奥で、新人がドアの近くに座ります。
　聴覚障害者がいるときは、お客様の了解を得て状況に応じて参加者と相談しながら、聴覚障害者が全体を見渡せる位置にしたり、通訳をする人が見やすい位置にしたりの配慮をします。

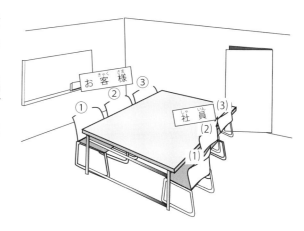

④ エレベーターでの位置

　エレベーターでは、お客様や目上の人より先に乗り、ドアの開閉を受け持ちます。降りるときは最後に降ります。全員が降りるまで、ドアが閉まらないようにドアに手を添

えるか、「開」のボタンを押しておきましょう。

操作盤に一番近いところが末席になります。

「エレベーター」

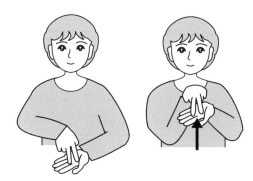

人差指と中指を他の手のひらにたて、上にあげる。

エレベーターで上がっていくようす。

「エスカレーター」

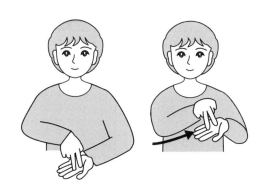

「エレベーター」の手話を斜めに表せば「エスカレーター」。

第7節　パソコンなどOA機器

聴覚障害者は電話ができないので、事務の仕事はできないという時代がありました。今は社会のIT化で、聴覚障害者でも十分に事務の仕事ができます。インターネットやメールは便利ですが、危険もひそんでいます。

インターネットやメールは会社の資産です。

会社のパソコンで仕事以外のインターネットを見るのはやめましょう。あなたが仕事に関係ない自分の興味でインターネットを見ている時間にも会社は給料を払うことになります。インターネットに接続する費用も、本来会社の業務のために使われるべきものです。

　会社のメールアドレスを私用のメールに使うのはやめましょう。会社の就業規則で私用メールを禁じている場合は、処罰の対象になります。上司から私用メールをやめるように言われても、私用メールを使い続けていたために、会社を辞めることになった人もいます。

　残業などの連絡でどうしてもメールを使う必要がある場合は、あらかじめ上司の許可を取りましょう。

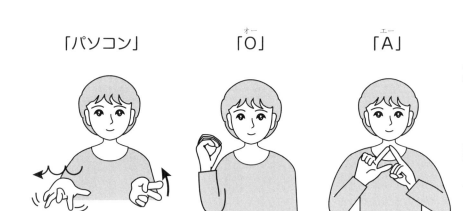

指文字「パ」とパソコンのキーボードを打つしぐさ。「ＯＡ」は両手指文字で表す。

① **パソコンの管理**

　会社のパソコンは決められたルールに従って使いましょう。

　会社のデータがウイルスによって盗まれるという事件が多発しています。特にセキュリティには注意しましょう。

　「サーバーにあるファイルをそのまま開いて使いなさい」というルールになっているデータを、便利だからといってパソコンにダウンロードするのも止めましょう。

　会社のパソコンに個人的なデータを入れておいてはいけません。

　貸与されたパソコンの動きがおかしい場合は、すぐにLANケーブルを抜いてシステム管理者に連絡しましょう。

「ソフトウェア」

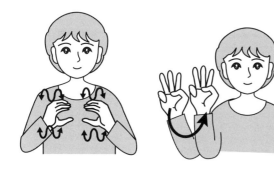

ソフトは「やわらかい」の手話。「ウェア」は人差指と中指と薬指を立てた指文字の「わ」の手を「U」字型に動かします。指文字「わ（ W ）」を使うのはウェアのつづり ware から。

「ハードウェア」

ハードは「かたい」の手話。「ウェア」は上に同じ。

「LAN」

両手の指文字「レ」の親指の先をつけて示し、左右にひろげて輪を描きながら前に出し、両手の親指の先をつける。「L」の文字で回線がつながっているようす。

② インターネット

インターネットは業務に必要な範囲で接続しましょう。休憩時間でもインターネット接続は会社の資産の使用になります。

Webからフリーウエアをダウンロードすることなどは、一般的に禁じられています。業務で必要な場合は、システム管理者の許可をもらいましょう。便利だからといって、フリーウエアをダウンロードするとウイルスが仕込まれていて、会社の大切な情報が流出するなどということが起こります。

「インターネット」

小指を立てた手を、他の手の握り拳のまわりを回転させる。情報が地球を駆けめぐるようす。小指はアルファベットの指文字「i」で、internet の i を表す。

「コンピューター」　　「ウイルス」

 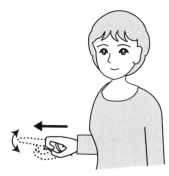

「コンピューター」は、昔の大型コンピューターで、磁気テープがまわっているようすを表す。「ウイルス」は「虫」の手話で、人差指の指先を前に向けて示し、指先を伸ばしたり曲げたりしながら前へ進める。

③ メール

「メール」

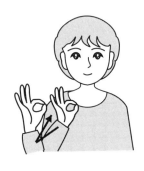

指文字「メ」の手を前後に動かす。メールがいききするようすを表す。

【宛名】

　パソコンのメールのシステムでは、メールアドレスと名前がセットになっています。いただいたメールにそのまま返信すると、セットになった名前が敬称なしになってしまいます。アドレス帳（連絡先）に相手の名前を登録し、様などの敬称を付けて、「返信」の操作をした後で、「宛先」にあるメールアドレスを消して、アドレス帳（連絡先）から

宛先のメールアドレスを入れましょう。

【宛先】

メールの宛先には、「宛先（To）」「ＣＣ」「ＢＣＣ」があります。To、CC、BCCなどは、アルファベットの両手指文字で表します。

宛先（To）

メールの宛先です。宛先で指定した場合は、相手に読んでもらって、返信を期待しています。

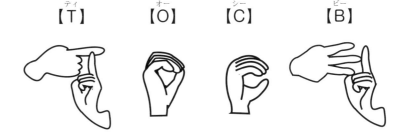

【T】　【O】　【C】　【B】

ＣＣ（Carbon Copy）

メールを送信するときの宛先アドレスの指定方法の一つで、宛先などで指定した以外のアドレスに、同じ内容のメールを送るのに使います。

ＣＣで指定した場合は、送信者と受信者の間で、こういうやり取りがあったということを知らせるという意味です。ビジネスでは、宛先の相手先にこういうメールを送ったということを上司や同僚に知っておいてもらう意味があります。

普通は、ＣＣで送られてきたメールに返信は必要ありません。

ＢＣＣ（Blind Carbon Copy）

ＢＣＣに指定したアドレスは、受け取った本人以外には通知されません。一つのメールで、多くの人に同じ内容を送りたいときは、自分を宛先にして、送り先を全部ＢＣＣにします。このメールを受け取った人には、送り手と自分のメールアドレスしかわかりません。

一つのメールで、多くの人に同じ内容を送りたいとき、宛先やＣＣにメールアドレスを入れると、受け取った人全員にメールアドレスがわかってしまいます。自分のメールア

ドレスを関係ない人に知られたくないという人は多いです。

普通は、BCCで送られてきたメールに対して返信は必要ありません。

【署名】

メールの文末に記載する署名は、自分の名刺を参考にして、会社名、所属、名前、住所や電話番号、自社サイトのアドレスなど入れます。署名をメールソフトの設定で毎回付けるようにします。

【件名】

メールの件名も相手に与える印象を左右します。返信する際は、メールソフトが「Re」とつけてくれますが、何度も繰り返すと、件名と内容が合わなくなって来ます。「Re：〇〇〇〇」の後に「：△△△の件」などと内容を補足する言葉を付け加え「Re：〇〇〇〇：△△△の件」のようにしましょう。

【本文】

メールの本文は（1）宛名（2）冒頭あいさつ（3）用件（4）結びのあいさつ（5）署名、と五つに分けられます。

宛名は「〇〇商事　営業部　△△様」のように相手の会社、所属先、肩書を付けます。「拝啓　陽春の候……」といった時候の挨拶は不要です。社内の相手には「お疲れ様です」、社外には「お世話になっております」を使います。

用件は簡潔にまとめ、1行当たり30文字程度で改行します。箇条書きなどを使うのも、わかりやすくなります。

【早めに返信しましょう】

受け取ってから1日以内に返信します。内容に関する返事ができないときは、その日の

内に「メールを受け取りました。明日中にご回答を差し上げます」などと返信をしておきます。会社のルールがある場合は、そのルールに従います。

【添付ファイル】

メールにファイルを添付して送るときは、確認が必要です。「ファイルを添付します」と書いたのにファイルを添付し忘れることがよくあります。添付ファイルは仕事上の重要なことが書かれている場合が多いですから、メールに添付してから開いて確認しましょう。

「添付ファイル」(「添付」+「ファイル」)

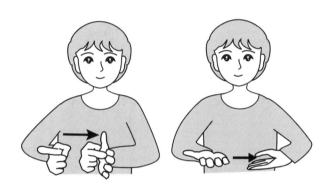

「添付」は、指先を前、手のひらを横に向けた手に、他の手の人差指を当てる。「ファイル」は、手のひらを上に向けた手を小指側から他の手の親指と四指に間に入れる。

【添付ファイルを開くときは】

添付ファイルにウイルスを仕込んで送りつけてくるメールが増えています。送り主が信頼できるとき以外は絶対に開かないようにしましょう。また、送り主がよく知った人の名前になっていても、「なりすまし」の場合もあります。

相手のメールアドレスがフリーメールであれば十分注意が必要です。フリーメールとは、インターネット通信を契約したプロバイダから発行されるメールアドレスでなく、インターネット上で申し込むと簡単にとれるメールアドレスです。ヤフーメール xxx@yahoo.co.jp や Gmail xxx@gmail.com などがフリーメールです。 @ 以降をドメイン名といいますが、ドメイン名が相手先の組織名になっているかも確認しましょう。

フリーメールや、署名にあるメールアドレスと送ってきたメールアドレスが違っていた

ら、添付ファイルを開いてはいけません。

【ファイルの形式】

添付ファイルを作成したソフトウェアと同じソフトウェアを相手方が持っていないと、受け取っても開くことができません。同じソフトウェアでも、バージョンがアップすると互換性がない場合があります。特に、こちら側がバージョンアップをしていて、相手側がまだバージョンアップしていない場合など、今まで開けていたファイルが開けないということになりますから、注意しましょう。

【ファイルが添付されていないときは】

受け取ったメールに「ファイルを添付します」とあるのに、ファイルが添付されていないときがあります。そういうときに「ファイルが添付されておりませんので、添付して送ってください」と直接的にいうのは失礼な感じを相手に与えます。「早速、検討したいと思います。すでにお送りいただいていると思いますが、まだ受け取れておりませんので、念のため確認させていただきます。」と間接的にいいます。

【お礼のメール】

会社訪問をしたときなどは、帰社したらすぐにお礼のメールを出しましょう。会社に戻らないで直帰したときは、翌日午前中に出しましょう。

初めてメールするときは、いただいた名刺のメールアドレスを正確に入れましょう。WordやExcelなどにいったんメールアドレスを入力すると、小文字で入力しても、最初の1文字を大文字にしてしまうことがあります。注意しましょう。

【会社のメールでは】

会社のメールでは、相手が個人的に親しい人でも、個人的な話題は書いてはいけません。

会社のメールの場合、本人でなく、代理の人が読む場合もあります。課長が仕事で忙しいときに係長が代理で開けます。営業などで出かけることが多い人のメールはサポートスタッフがメールを読みます。

　また、会社のメールは会社の資産ですから、会社がメールの内容をチェックすることも可能です。最近では、会社の大切な情報が漏洩するのを防ぐためにも、チェックが行われています。

④ 電話とファックス

　聴覚障害者は電話はできません。しかし、同僚の聴者が電話のときにどんなマナーを心がけているか知ることは、大切です。

「電話」　　　「電話をかける」　　　「電話を受ける」

　親指と小指を立て親指を口、小指を耳に当て電話をかけるしぐさ。その手を前に出せば「電話をかける」、手前から耳のところに持ってくれば「電話を受ける」。

　電話をかけるタイミングがあります。朝一番や、昼休みなどの休憩時間、帰宅時間は避けましょう。朝は朝礼や事務連絡をしています。退社時刻直前の電話は嫌われます。

　電話をかけるときは、
　　1. 相手の所属部署、役職、氏名をもう一度確認する
　　2. 自分の社名、部署名、氏名を名乗る
　　3. 普段の取引やご利用、ご交誼ご支援などに対するお礼を述べる

4．相手の都合を尋ねる

5．用件を要領よく簡潔に伝える

6．お礼を述べて電話を切る

という手順になります。

　聴覚障害者が聴者に電話をお願いするときは、電話番号、相手の所属部署、役職、氏名と用件をきちんとメモして渡します。その上で、聴者が上記のような手順で電話していることを意識して、用件に関する質問があった場合に、すぐに答えられるようにしておきましょう。

　ビジネスでの電話は呼び出しのベルが3回以内に出るのがマナーです。

　聞こえる人と話をしているときに、電話がなって相手が話の途中で電話を優先しても、それはビジネスマナーだと理解してください。

　聞こえなくてもファックスは使えます。電話ならば、かけ間違えたときに、相手と話せば間違いだということがわかります。ファックスでは、電話番号を間違えたとき、間違えた相手の番号がたまたまファックスだと、送ることができてしまいます。ファックスの内容が重大な商談に関することなどのときは、秘密の漏洩になってしまいます。ファックスを送るときは、番号を必ず複数の人で確認することというルールを決めている企業もあります。

「ファックス」

片手で電話をかけるしぐさをし、他の手でファックスで紙が送られていくようすを表す。

　ファックスでは、送る書類とは別にファックス送信票を1枚目につけます。送信票には下記のようなことを記入します。

1. 発信年月日
2. 宛先：社名、部署名、担当者氏名、ファックス番号
3. 発信元：社名、部署名、担当者氏名、ファックス番号
4. 件名と用件
5. 送信枚数　本状を含めて〇枚、のように送信票も枚数に含めます。

　ファックスで送信枚数を記入するのは、相手のファックスの用紙が途中で足りなくなったときに、これで終わりと誤解されないようにするためです。

　ファックスの枚数があまり多いときは、先方の了解をとるか、ファックスをやめて郵送します。

第8節　アフターファイブ

　職場では、仕事が終わった後で上司や先輩に「少し付き合わないか」と飲み会に誘われることがあります。新入社員の歓迎会や、転勤、退職などの人事異動に伴う送別会、12月の忘年会や夏の納涼会などもあります。

　職場の人とより親しくなれる機会です。仕事の場では聞けない裏情報も入ります。

　費用の負担は、割り勘にしたり、上司の人が多く負担したり、その会社なりのルールがあります。暗黙のルールなので、事前に同僚に聞いておきましょう。暗黙のルールについて気軽に聞ける人を作っておくのは、大切なことです。

　気の合った仲間で飲みに行くこともあります。この場合は割り勘になります。割り勘では、人によって飲んだり食べたりした量が違っても、人数割りにして、同じ金額を支払います。上司が多めに負担したり、酒を飲まないソフトドリンクだけの人を少なめにしたりすることもあります。

「コンパ・宴会・飲み会」

お酒の杯をやりとりするようすで、「コンパ・宴会・飲み会」を表す。

「割り勘」

立てた手で頭を割っていくようすで「頭割り」から「割り勘」に使う。

未成年者はお酒は飲めません、また、未成年者にお酒を勧めてもいけません。

体質的にアルコールが飲めない人もいます。ウーロン茶などのソフトドリンクを飲んでいる人に無理にアルコールを勧めてはいけません。一気飲みを強要するなどはアルハラ（アルコール・ハラスメント）になります。

お酒は楽しく飲むことが大切です。飲み過ぎてまわりの人に迷惑をかけることや、二日酔いで、翌日の仕事に支障を来すような飲み方はやめましょう。

個人的に誘われたとき、理由も言わないで「いやです」というのは失礼です。個人的な飲み会には付き合う気がないときは「お酒が苦手なので」とか「勉強がありますから」とか言って、最初にはっきり断りましょう。

たまたま、その日は用事があるとか体調が悪いときは、「今日はちょっと済みません。また今度お願いします。」と断ります。

「今度」

手のひらを顔の横から少し前へ倒す。近い将来を表す「今度」に使う。話し言葉の「今度」は、曖昧にごまかすときにも使われますが、手話の「今度」には、そういうニュアンスはありません。「今度」という文字にとらわれて「今」の手話を使わないように注意しましょう。

ポイント

聴覚障害者の場合、飲み会ではコミュニケーションが問題です。職場での会議では、メモなどで対応してくれる場合でも飲み会などではなかなかそうはいきません。筆記用具は必ず準備して、話題を用意して自分から積極的に話しかけるようにしましょう。会話について行けなくても、その場の雰囲気を壊さないように心がけましょう。

第9節 聞こえないことを理解してもらうために

聴覚障害者に接するのが初めての人に、聞こえないというのはどういうことか理解してもらうと、仕事もスムーズに進みます。

① 補聴器

聴覚障害は、外見ではわからない障害です。補聴器を付けていると耳が不自由なのかなと見てくれます。

お、聞こえない人なんだな

「補聴器」

「補聴器」は、一般的な耳掛型の補聴器を人差指で表す。補聴器本体を耳穴の中に入れてしまう耳穴型は、補聴器をしていることが目立たない。

一般の人は、近視になった人がメガネをかけると、よく見えるようになるのと同じように、聴覚障害者が補聴器をかけると、よく聞こえるようになると思うかもしれませんが、それは誤解です。

難聴には、伝音難聴と感音難聴があります。伝音難聴は、外耳と中耳の障害でおきます。外耳と中耳は、音を内耳に伝える働きをします。感音難聴は内耳と蝸牛神経、脳の働きの障害でおきます。

生まれつき耳の聞こえの悪い人は、感音難聴が多く、聞いたという経験がない状態で補聴器を付けます。以前はちゃんと見えていたのに、近視になったからメガネをかけた人とは違います。そのために補聴器を付けたら聞くための練習をしなければなりません。聴覚学習と言います。

難聴の状態によって、補聴器をかけることで、人の話し声がかなり聞こえるようになる人もいます。補聴器をかけても、音があるかないかがわかるだけで、話し声はわからないという人もいます。そういう人でも、音があるかないかを読話の手がかりにしたり、周囲の状況の判断に活用したりしています。

👆 ポイント

最近のデジタル補聴器は、人の声以外の騒音を減らしたり、一対一の会話で対面している人の会話を聞きやすくしたり、会議のように広い範囲の発話を聞きやすくしたりするなどの設定変更がスマートフォンでできます。

会議などの仕事中に個人のスマートフォンを使うことになりますから、誤解を受けないように、上司や同僚の理解を得て、スマートフォンで補聴器を操作しましょう。

「スマートフォンで補聴器を操作するときは、上司や同僚の理解を得ましょう」

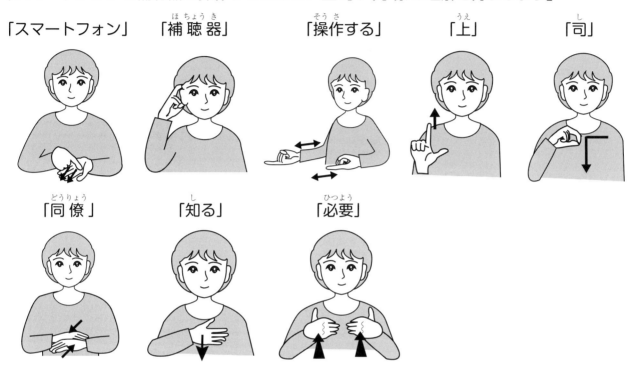

「同僚」は水平にした両手を前後に合わせる。「理解」は「知る」の手話で、「わかる」（P.34）と同じ。「得ましょう」は「必要」の手話（参照 P115「必要ない」）。

② 聞こえる人と聞こえない人の指差しの違い

手話では、「あなた」や「君」の意味で相手を人差指で指さします。聴者が人差指で相手を指さしたら、詰問するように受け取られます。どうしても指さす必要があるときは、手のひらを上にした手で相手を示します。

「人差指で指さす」　　　「手のひらで相手を示す」

　手話を使っていると、指さしを使うことが多くなります。しかし、聴者を指さすと、聴者はやはり不快になります。

　聴覚障害者の中にも、ろう文化だから指さすのは当然だと考える人と、指さすのはよくないと考える人がいます。ろう文化を主張する場合でも、ろう文化を知らない聴者がほとんどですので注意しましょう。

③ 話し言葉と手話のニュアンスの差

　手話の単語には便宜的に日本語での呼び名が付けられています。「手話の日本語ラベル」といって、手話を区別するときに使われますが、その手話の持つすべての意味を表している訳ではありません。ラベルに使われている日本語とは違った意味で使われる手話も多いです。

　「必要ない」という話し言葉は、かなりきついニュアンスがありますが、聴覚障害者は「必要ない」の手話を軽い気持ちで使います。聴覚障害者が手話の日本語ラベルをそのまま話し言葉にして「必要ない」と言ってしまうと、聞こえる人にはきつく聞こえます。

「必要ない」

両手の指先を胸にあてて「必要」、その両手を前へ払うことで、「必要ない」を表す。

話し言葉の「かまわない」は、「仕方ないけど、わかりました」というニュアンスがありますが、手話の「かまわない」は、「ええ、喜んで」とか「大丈夫です」とかいう意味で使われます。

「かまわない」

「かまわない」は、小指の先であごをつつく。既出（P.73）。

④ 福祉のことなど

「福祉」

「福」は、親指と他の四指をひろげてあごにつけて、親指と他の四指を閉じながら下へ降ろす。この手話は「幸福」の意味で使う。「祉」は指文字「し」。

街を歩いていると盲人のための点字ブロックをよく見かけます。視覚障害者の移動のために設置されていますが、車椅子の利用者には障害になります。ある障害のためのバリ

アフリーが他の障害にはバリアになることをバリアフリー・コンフリクトと言います。

障害者の移動には、付き添いが必要だったりするために運賃の割引制度があります。映画館や美術館にも障害者割引があります。これらは障害のない人には適用されない制度です。

新入社員のときは、同期の人同士で給与明細を見せ合うことがあります。聴覚障害者は、同期の聴者と給与明細を見せ合うことは避ける方がよいでしょう。障害者控除に納得できない聴者もいるからです。

障害者の場合、障害者控除があって所得税が安くなります。つまり手取りは増えます。給与から税金や社会保険料を差し引いて実際にもらえる金額を手取りといいます。給与から差し引かれる税金が安くなるので手取りは増える訳です。源泉徴収票も同じです。「本人が障害者」の欄に＊印がついていると所得税が安くなります。

この他、障害基礎年金をもらっていること、障害者は鉄道や飛行機の運賃の割引があることなどを、自分から進んで自慢するように周りの人に言うのはやめましょう。

⑤ 正社員と契約社員

社員には、正社員、契約社員、派遣社員があります。聴覚障害者が正社員で、契約社員や派遣社員が聴者の場合、「聴覚障害者が障害者雇用促進法で優遇されている」と聴者の契約社員や派遣社員が考える場合があります。自分が正社員であることを誇示するようなことはやめましょう。

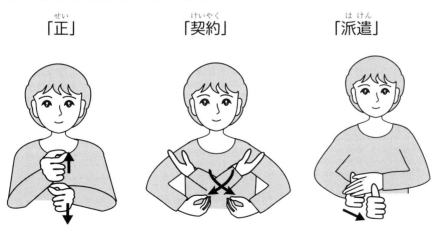

「正」は、親指と人差指をつまんだ両手を重ねておき、上下に引き離す。「契約」は、親指と他の四指を開いた手を胸の前で交差

させておき、左右に引きながら指をとじる。「派遣」は、手のひらの下に親指をたてておき、前に出す。

「社員」（「会社」＋「員」）

「正社員」は「正」「会社」「員」で表すが、「会社」は省略して「正」「員」だけになる場合もある。「契約社員」「派遣社員」も同様。

キーワード

正社員 ――
会社に直接採用されて原則として定年まで働ける。

契約社員 ――
会社に直接採用されるが、契約期間が終了すると継続しない限り終了になる。厚生年金や健康保険などは、正社員と同じ。

派遣社員 ――
人材派遣会社に登録後、仕事の紹介を受け、企業に派遣され就業する。就業先企業ではなく登録した人材派遣会社と雇用契約を結ぶ。給与は人材派遣会社から支払われる。

「労働基準法」に定められた休日、有給休暇、解雇予告などは、どの雇用形態にも適用される。

聴覚障害者の就職を支援する方々へ

　聴覚障害者の就職を支援するためには、労働や福祉に関する法律の知識が必要です。細かく述べるとかなりのページ数を必要とすることになりますし、また、法律はしばしば改正されますので、この本では基本的なことを取り上げました。法令については最新の情報をインターネットで詳しく調べることができますから、必要に応じて参照してください。

　障害者雇用促進法には、ダブルカウントと言われる制度があります。身体障害者、知的障害者のうちの重度障害者（1級、2級）については、1人雇用すると2人雇用したとして雇用率を計算します。雇用率を達成したい企業にとっては、重度障害者を雇用した方がよいということになります。

　聴覚の特別支援学校の場合、多くの生徒は幼児のときに身体障害者手帳を取得しています。成長とともに聴覚障害の程度が重くなることがありますが、手帳はそのままです。幼児のときに取得した身体障害者手帳は3級であるが、現在の聞こえの状況を見ると申請しなおせば2級として認定される可能性がある、というときに担任や進路担当の教員は悩みます。手帳を2級にすれば就職の可能性が広がる、特に特例子会社の場合、「手帳が2級の人を」と言われることがあります。保護者にとっては子どもの障害が重くなるということですから、担任や進路担当の教員は保護者と慎重に相談しなければなりません。

　聴覚障害者は、コミュニケーションが問題になります。聴者の中に聴覚障害者を入れて働かせる会社と、複数の聴覚障害者を一緒に働かせる会社があります。特に聴覚障害者を多数雇っている特例子会社の場合、手話通訳者を雇って聴者とのコミュニケーションに当たらせている場合があります。聴覚障害者の生徒を就職させる場合、この生徒は聴者にまじって働くのがいいのか、聴覚障害者の集団の中、手話通訳者によるコミュニケーションの保障もある環境で働くのがよいか、本人の適性にあわせてよく考える必要があります。

学校はハローワーク（公共職業安定所）と協力して生徒の就職先を探しますが、障害者を専門とした民間の就職紹介会社もあります。障害者向けの企業の合同面接会もハローワークが主催するものと、民間の就職紹介会社が主催するものがあります。それぞれの特徴を考えて参加させるとよいでしょう。

　雇用形態も難しい問題があります。希望する会社は障害者は契約社員でしか採用していないが、その会社の特例子会社では障害者を正社員で採用している場合があります。しかし、給与面では親会社の契約社員の方がよいなどという場合もあります。定年まで働ける正社員が安心かと思うと、契約社員より給与の高い正社員の方がリストラの対象になりやすいなどとも言われます。

　一般の学校に比べて、聾学校などの特別支援学校では、比較的手厚く教員が配置されています。先生の目が行き届きやすいので、生徒ができないでいることを先生が見つけて指導してしまいます。会社に入れば、周りの人々はそれぞれ自分の仕事を持って忙しくしています。会社は学校ではないのですから、黙って待っていても教えてくれません。自分から積極的に質問しなければなりません。挨拶にしても、聾学校では挨拶の習慣をつけようと先生から先に生徒に挨拶をします。会社では上司や先輩に対しては先に挨拶をしなければいけません。就職を前にして、こうのような態度を育成することが必要です。

　一般の人は聞こえないとはどういうことか、よく理解できません。会社に入ったら聴覚障害者が自分から、「聞こえないとはこういうことです、だからこういう配慮が必要です」とアピールできることが必要です。そのためには在学中に自分の障害を正しく認識させることが必要です。

聴覚障害者の就労を支援する方々へ

　企業の人事担当者は、障害者の受け入れに積極的ですが、実際に障害者が配置される職場の人は、障害者の特性について知識がないということが多いです。

　障害者に対する差別の禁止と合理的配慮の提供義務を定めた改正障害者雇用促進法が平成28年4月1日に施行されました。

　厚生労働省は、合理的配慮指針を出して、「2　採用後における合理的配慮の提供について」で、「事業主は、職場において支障となっている事情があれば、その改善のために障害者が希望する措置の内容を確認すること。その際、障害者が希望する措置の内容を具体的に申し出ることが困難な場合は、支障となっている事情を明らかにすることで足りること。障害者が自ら合理的配慮の提供を希望することを申し出た場合も同様とする。」としています。

　具体的な設備としては、車椅子の人を受け入れるには、段差のあるところにスロープを設置するなどが考えられますが、聴覚障害者の場合は、始業や終業の合図、非常警報などの音を光に変える装置の導入などがあります。これらの経費については、高齢・障害・求職者雇用支援機構の障害者雇用納付金制度に基づく助成金を受けることができる場合があります。検討してみましょう。

　聴覚障害とのコミュニケーションには、まず筆談が考えられます。筆談用に持ち運びできるホワイトボードを用意する会社もあります。専用のペンを使って電気的にメモを表示する機器ならほこりも出ませんし、記録を残すこともできるタイプもあります。タブレットには、対面しながらお互いの領域に文字を書き、自分側の領域に書くと相手側の領域に相手側の向きになって表示してくれる筆談用のアプリもあります。記録が残るので大学ノートを利用するのもよいでしょう。パソコンが使えるのであれば、キーボードで入力し、

それをプロジェクターで表示すれば、聞こえる人も情報共有に利用できます。

　音声認識の技術が発達しています。スマートフォンでも簡単に音声認識ができる時代になりました。アプリケーションを使えば、スマートフォンに向かって発言してもらうことで、聴覚障害者が文字情報として読むことができます。

　筆談のときに注意しなければいけないのは「書けばわかる」と考えてはいけないことです。生まれたときから聞こえない人の場合は、日本語の力が十分でないことがあります。職場以外では、日本手話を中心に生活している人の場合は、日本語の文章を異なった意味に理解する場合があります。外国人が日本語を学び始めたとき、自分の母語の理解の仕方で日本語を理解してしまうのと同じです。筆談をするときは聴覚障害者がきちんと理解しているかどうかを確認しながら進めましょう。

　重要な問題のときは、本人とよく話し合い、本人が希望すれば手話通訳者を呼ぶのもよいでしょう。手話を通すことによって理解が進みます。また、聴覚障害者を先生にして手話を学ぶ機会を作るのもよいでしょう。簡単な挨拶の手話からはじめて、仕事に必要な手話をみんなが理解すれば、仕事が円滑に進みます。雑談の手話も大切です。聴覚障害者は、仕事の指示は受けますが、雑談まではメモしてもらえません。手話で少しでも雑談できるようになると、職場に溶け込むことができます。

　ハローワークなどと連携して専門家の支援を受けることも大切です。地域障害者職業センターにジョブコーチ（職場適応援助者）の派遣を依頼すると、障害者（その家族）及び事業主（上司や同僚）に、障害特性を踏まえた直接的、専門的な援助を受けられます。障害者には、業務遂行力の向上支援、職場内コミュニケーション能力の向上支援、健康管理・生活リズムの構築支援、上司・同僚には、障害の理解に係る社内啓発、障害者との関わり方に関する助言、指導方法に関する助言などが受けられます。

指文字表

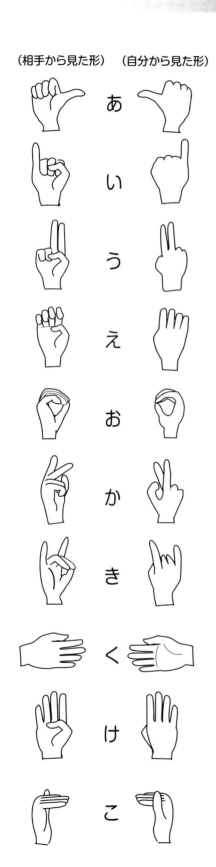
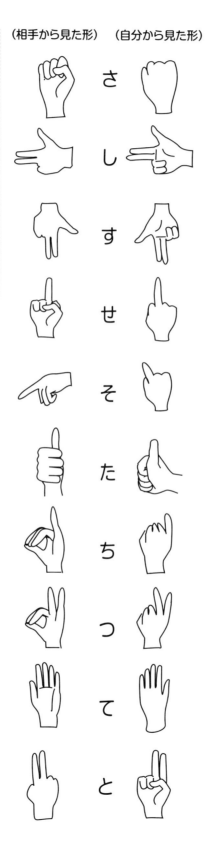
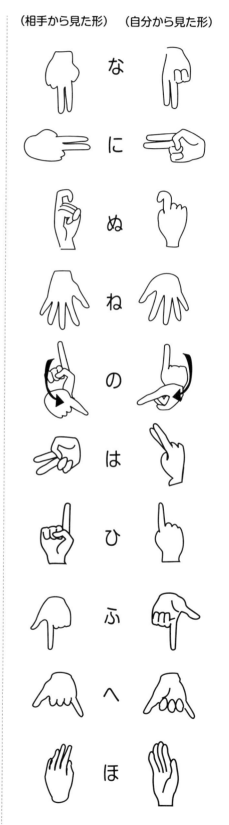

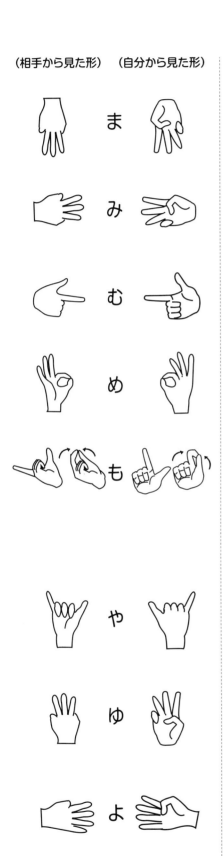
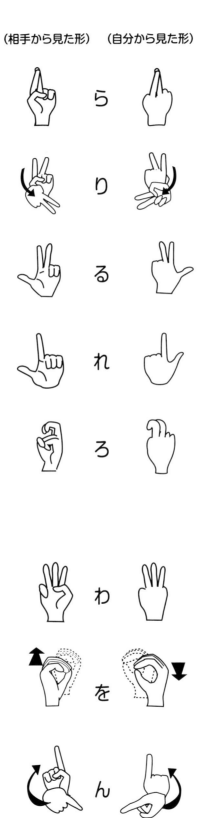

（相手から見た形）

濁音 横に動かす

が
ざ
だ
ば

半濁音

上にあげる

ぱ

促音

手前にひく

あっ

拗音

手前にひく

きゃ

アルファベット指文字

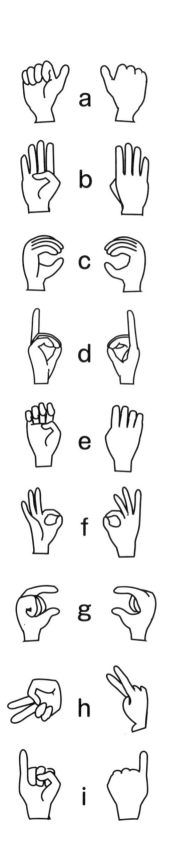
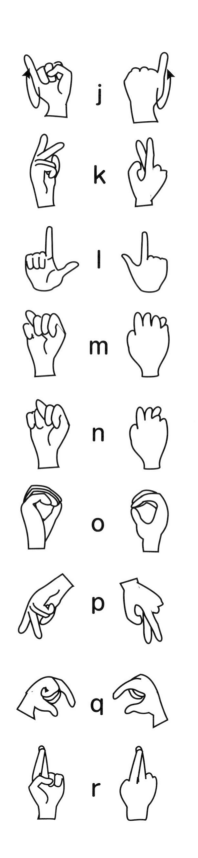
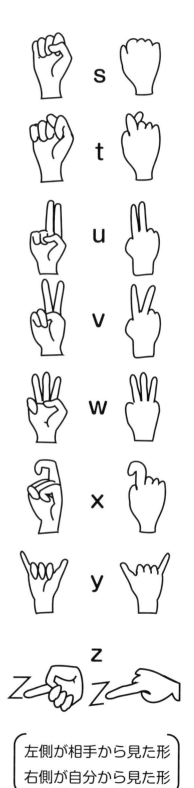

左側が相手から見た形
右側が自分から見た形

両手アルファベット指文字

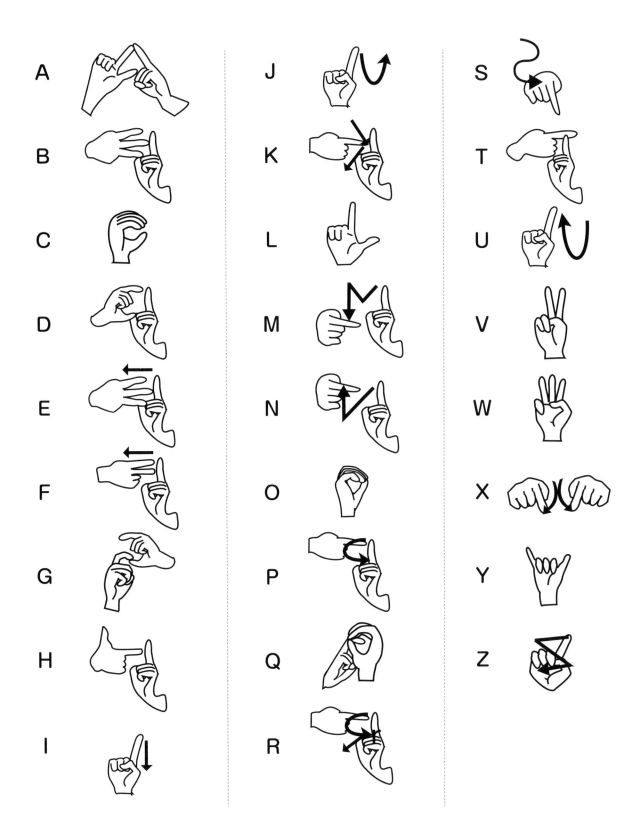

数詞表

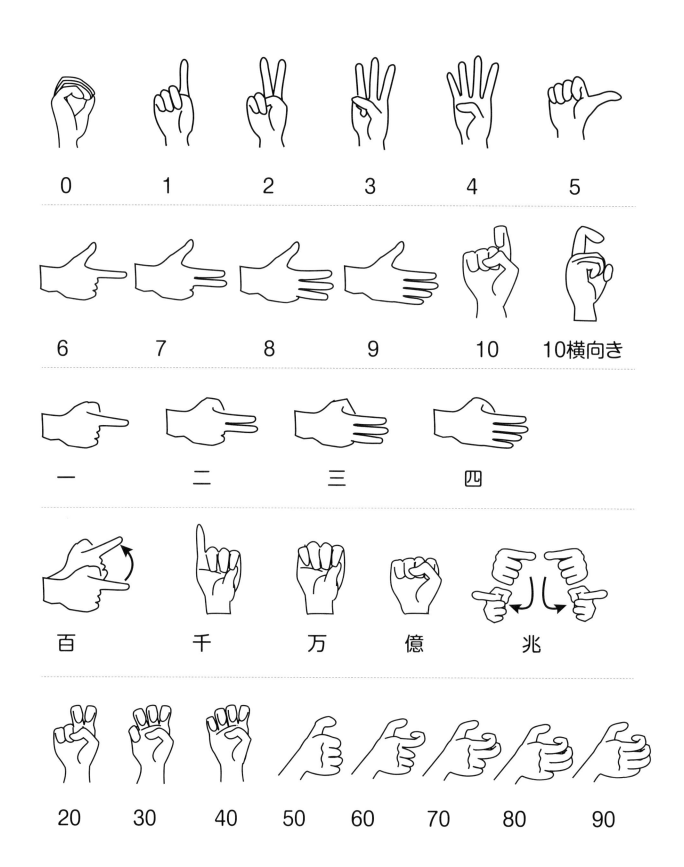

【参考文献】

『手話で伝えたい・オフィス編』　たかね きゃら　廣済堂出版　1997(平成9)年

『敬語の指針』　文化庁　2007(平成19)年

『知的障害や自閉症の人たちのための見てわかるビジネスマナー集』「見てわかるビジネスマナー集」編集企画プロジェクト編著　財団法人明治安田こころの健康財団協力　ジアース教育新社　2008(平成20)年

『社会で自立する力を育てる－科目「社会生活」のテキストと指導の実際－』　筑波大学附属聴覚特別支援学校高等部専攻科　聾教育研究会　2009(平成21)年

『バリアフリー・コンフリクト　争われる身体と共生のゆくえ』　中邑賢龍　福島智　編　東京大学出版会　2011(平成23)年

『知的障害・発達障害の人たちのための見てわかる社会生活ガイド』「見てわかる社会生活ガイド集」編集企画プロジェクト編著　公益財団法人明治安田こころの健康財団協力　ジアース教育新社　2013(平成25)年

『よくわかる補聴器選び　2015年版』　関谷芳正　監修・著　八重洲出版　2014(平成26)年

『知的障害・発達障害の人たちのための　マンガ版　ビジネスマナー集　鉄太就職物語』　中尾佑次　ジアース教育新社　2015(平成27)年

『参加－耳が聞こえないということ』平川美穂子　ジアース教育新社　2016(平成28)年

【著者略歴】

竹村　茂

東京教育大学文学部史学科（日本史専攻）卒業。東京教育大学附属聾学校（現、筑波大学附属聴覚特別支援学校）教諭（～平成26年）。日本大学大学院総合社会情報研究科を修了（文化情報修士　古田奨学金受賞）。筑波大学第二学群人間学類非常勤講師（平成15年～平成20年）。貞静学園短期大学（貞静学園保育福祉専門学校）非常勤講師（平成11年～）。千葉商科大学　人間社会学部人間社会学科　非常勤講師（平成28年～）。

たかね きゃら

生後1年ほどで高熱により失聴。筑波大学附属聾学校（現、筑波大学附属聴覚特別支援学校）に学び、小学5年より地域校にインテグレーションする。筑波大学第二学群人間学類卒。筑波大学大学院心身障害学研究科修了・教育学博士。聾学校教諭を経てIT企業に勤務。その後、介護のため退職。仕事の傍ら、毎日小学生新聞日曜版に子供向けの手話漫画を連載（1993～2002年）、現在では、イラスト制作などの活動をしている。2016年『参加－耳が聞こえないということ－』（平川美穂子）をジアース教育新社より出版。

手話単語索引

見出しだけでなく、説明にある単語もひけます。

あ

間	80
挨拶	88
会う	89
朝	68,88
与える	14,97
あなた	74
表す	14,35
ありがとう	85

い

言う	26,32
行く(a)	75
行く(b)	64
医師	48
1日	69
行ってらっしゃい	75
今	93
いらっしゃいませ	91
いらっしゃる	91
言われる	74
員	55,117
印鑑	49
インターネット	15,102
インフルエンザ	83

う

ウイルス	102
上	72.113
受かる	40
内	40
打ち合わせ	70
腕時計	23

え

映画	61
SNS	21
エスカレーター	99
エレベーター	99
宴会	110
援助	20
遠慮	74,92

お

OA	100
OJT	69
オーバー	76
お帰りなさい	75
お金	44
お金をもらう	83

遅れる	76
抑える	57
お先に失礼します	77
教える	18
教わる	72
お大事に	89
お茶	94
落ちる	40
お疲れ様	75,78
お手洗い	81
お願いします	33,84
おはようございます	88
お待ちする	91
お土産	97

か

会	15
会議	59
会社	15,48,55,117
会社員	55
帰る（外から）	75
帰る（外へ）	77,79
顔	26
学生	54
風邪（をひく）	83
学校	17

活動	12
かまわない	73,78,93,115
我慢する	57
体	18,78,89

き

キーボードを打つ	34
技術	13
規則	64
決まる	40
気持ちが悪い	78
客	91
休暇	86
休憩	80
休日	86
給与	55
銀行	43

く

ください	74
口	26
靴	24
国	44
来る	91

け

経験	18
敬語	92

携帯電話	23
契約	116
結果	39
元気	45,47
言語	92
健康	45,47
研修	48
謙譲語	92
健聴	3

こ

語	92
合格	40
貢献	14
口座	43
厚生	45
香典	82
後輩	65
幸福	115
合理	51
口話	26
コーヒー	94
国民	44
ご苦労様	75
ご無沙汰しています	89
コミュニケーション	58
雇用	16
今度	111
こんにちは	88
コンパ	110
こんばんは	88
コンピューター	102

さ

探す	12
先に	77
さよなら	75
残業	76

し

司	72,113
時	66
支援	17
司会	59
式 (a)	47
式 (b)	47
自己実現	14
仕事	2,12,18,37,76
指示する	72
指示を受ける	72
室	59
実習	19
質問（する）	25

見出し	ページ
質問を受ける	25
自分	14
志望の動機	29
者 (a)	3
者 (b)	16
社員	117
社会	14
写真	29
就活	12
10月1日	47
就業規則	64
週休2日	86
収入	13
手話	31
順序	98
書	28,41
障害	3,16
商業	5
消極的	38
正午	88
上司	72,113
承諾	41
商売	5
証明	29
職場	18
知る	113
人事	65
診断（受ける）	47
診断（する）	48
進路	18

す

見出し	ページ
スーツ	22
好き	73
過ぎる	76
少ない	61
スマートフォン	23,113
済みません	33
すわる	98

せ

見出し	ページ
正	116
生活	53
生徒	54
誓約	41
席	98
席次	98
責任	21
積極的	35,37
説明	15,93
背広	22
先生	18

先輩 (せんぱい)	65	朝礼 (ちょうれい)	68
全部 (ぜんぶ)	73	直帰 (ちょっき)	79
専門 (せんもん)	20		

そ

操作する (そうさする)	113		

つ

通訳 (つうやく)	31

早退 (そうたい)	78
相談 (そうだん)	59,70
そぐわない	78
ソフトウェア	101
反りが合わない (そりがあわない)	78
尊敬 (そんけい)	92

て

テーマ	68
～的 (てき)	51
できる	37,73
手のひらで相手を示す (てのひらであいてをしめす)	114
添付 (てんぷ)	105
電話 (でんわ)	107
電話を受ける (でんわをうける)	107
電話をかける (でんわをかける)	107

た

体験 (たいけん)	18
大丈夫 (だいじょうぶ)	37
大切 (たいせつ)	89
助ける (たすける)	17
正しい (ただしい)	34
ダメ	35,36
誰 (だれ)	43
担当 (たんとう)	18
担任 (たんにん)	18

と

トイレ（WC）	81
トイレ（お手洗い）	81
道徳 (どうとく)	2
同僚 (どうりょう)	113
～とき（時）	74,80
特別 (とくべつ)	17
ドレスコード	63

ち

遅刻 (ちこく)	35
知識 (ちしき)	13
聴覚 (ちょうかく)	3

な

内定 (ないてい)	40
仲がよい (なかがよい)	37
何 (なに)	56

名前(a)	32	ハローワーク	19
名前(b)	32	範囲	73

に

日報	69	反応	57
入社	48		

ひ

久しぶり	89
ビジネス(a)	2

ね

ネクタイ	24
熱（がある）	84
年	44
年金	44

ビジネス(b)	5
ビジネス(c)	5
筆談	27
必要	113
必要ない	74,115
人	65
人差指で指さす	114
人々	44
病院	48
昼	88
ビル	48

の

飲み会	110

は

％	57
ハードウェア	101
配慮	51
入る	48
派遣	116
場所	18
パソコン	100
働く	2,64
バッグ	24
話す	68
速い	34
ハロー	19

ふ

ファイル	105
ファックス	108
福祉	115
服装	61,63
不合格	40
部門	20
プライバシー	52

| 振込（受け取る） | 44 |
| 分 | 66 |

へ

| 別 | 16 |
| 部屋 | 59 |

ほ

報告する	69,70
報告を受ける	70
訪問	15,79
保険	45
ほしい	73
保証	43
補聴器	112,113
本当	14,19

ま

前	48
～ましょう	64
また	89
待つ	91
マナー	2,92
マナーモード	23
守る	64

み

ミーティング	70
身だしなみ	62
認める	41
耳が聞こえない	56
身元	43
見られる	56
見る (a)	61
見る (b)	56

む

| 虫 | 102 |

め

名刺	95
メール	67,102
メモ帳	25
メモをとる	25
面接	26

も

もう一度	33
申し込む	15,29
申す	32
黙認	82
求める	35
門	20

や

約束	41
休む	36,83
～やる	73

ゆ

有給休暇 ………………… 83

よ

夜 ………………………… 88
よろしく ………………… 84

ら

LINE ……………………… 67
LAN ……………………… 101

り

リクルート ……………… 12
理由 ……………………… 29
履歴 ……………………… 28

る

ルール …………………… 63

れ

礼 ………………………… 68
礼儀 ……………………… 23
練習 ……………………… 19
連絡 ………………… 67,70
連絡する ………………… 70
連絡を受ける …………… 70

ろ

聾 ………………………… 3
聾唖 ……………………… 3
ろう者の挨拶 …………… 87

わ

ワーク …………………… 19
わからない ………… 34,56,74
わかる …………………… 34
私 …………………… 35,78
渡す ……………………… 97
割り勘 …………………… 110

『参加 －耳が聞こえないということ－』

　一人ひとり違う人々が「共に生きる」社会をめざして法律の整備が進められています。障害のある人もない人も、いろいろな困難を抱える人もみんな同等に「参加」できること。それが「共に生きる」ことの原点です。

　筆者は両耳ともにほとんど聴力がなく、手話や口話、筆談などで会話をします。家庭、地域の学校や職場などで聞こえないことによるコミュニケーションの壁は厚く、常に「参加」を阻まれてきました。

　聞こえないというのはどういうことなのか。学校や職場、社会での合理的配慮や支援はどうあればよいのか。共に学び、共に働き、共に生きることについて問いかけます。

- 著　平川　美穂子
- 判型 A5 判 178 ページ
- 2016 年 6 月発行
- 定価 2,100 円＋税
- ISBN978-4-86371-365-9

『日本の手話・形で覚える手話入門』

　本書は、手話について概説した「理論編」と、イラストを通して手話を覚える「入門編」の2部構成です。

　「理論編」では、手話の特徴について、日本語との違いに着目しながら学習します。

　「入門編」では、手の形や位置、動きによる分類に沿って学習できるように手話のイラストを配置しました。一般の手話の入門書は、日本語から手話に入る方式になっていて、あいうえお順の単語に沿って手話を並べたり、挨拶や季節などのテーマごとに手話を紹介したりしていますが、本書では手話そのものの特徴から学習できるようにしました。また手話のクイズも用意し、楽しく学べるように工夫しています。

（イラスト たかね きゃら は、平川美穂子のペンネームです）

- 著　竹村　茂
- 絵　たかね きゃら
- 判型 A5 判 295 ページ
- 2015 年 3 月発行
- 定価 2,500 円＋税
- ISBN978-4-86371-308-9

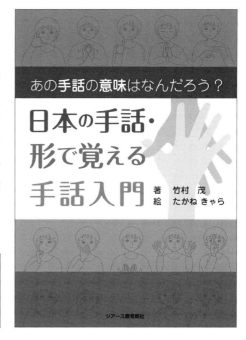

〒 101-0054　東京都千代田区神田錦町 1-23　宗保第 2 ビル
TEL：03 - 5282 - 7183　／　FAX：03 - 5282 - 7892
E-mail：info@kyoikushinsha.co.jp　URL：http://www.kyoikushinsha.co.jp/

就活・就労のための

手話でわかるビジネスマナー
－聴覚障害者と聴者のコミュニケーション－

平成 28 年 9 月 16 日　初版第 1 刷発行

著　　　　　竹村　茂
絵　　　　　たかね　きゃら
発 行 人　　加藤　勝博
発 行 所　　株式会社ジアース教育新社

〒 101-0054　東京都千代田区神田錦町 1-23　宗保第 2 ビル
TEL：03-5282-7183　FAX：03-5282-7892
E-mail：info@kyoikushinsha.co.jp
URL：http//www.kyoikushinsha.co.jp/

表紙デザイン・DTP　株式会社彩流工房
印刷・製本　シナノ印刷株式会社

Printed in Japan
ISBN978-4-86371-380-2

○定価はカバーに表示してあります。
○乱丁・落丁はお取り替えいたします。（禁無断転載）